J'APPRENDS LE MONDE EN M'AMUSANT

par Gérard BARROY
Directeur d'école

GBE B.P. n° 7
59651 VILLENEUVE D'ASCQ CEDEX

Cartes et données cartographiques :

Bruno GELLEREAU
Pierre TADDEI
Bruno BLIECK
(Etudes et Cartographie, Lille)

Couverture et illustrations :
Studio BISEAU, Lille

Expérimentation :
Anne-Marie MILLECAMPS, François-Xavier PEREZ

Réalisation :
Marie-Hélène FOUQUE

A mes enfants Katia, Doriane, Karen,
Tommy, Nicolas

G.B.

SOMMAIRE

AVANT-PROPOS

Ce livre ne traite pas l'ensemble du programme de géographie à l'école primaire, mais une partie seulement : la connaissance du monde et des hommes telle qu'elle peut être consignée et lisible sur des cartes. Nous nous limiterons donc dans cet avant-propos à quelques questions essentielles et aux seules données susceptibles d'éclairer et d'aider les utilisateurs. Nous le ferons brièvement et dans un esprit pratique, préférant réserver la plus grande place au produit concret de nos choix pédagogiques, choix qu'il appartiendra ensuite au public de sanctionner par l'attirance qu'il éprouvera ou non pour ce livre et par le bénéfice que les lecteurs en tireront.

La géo, c'est passionnant   «...les pâturages des Alpes..»

Ce titre peut surprendre. A observer en effet le rapport que les enfants ont avec les connaissances géographiques et les cours de géographie, on constate pour le moins désintérêt et distance. Pourtant, qui n'a un jour ressenti le regret d'avoir mal appris sa géographie ? Quel adulte ou adolescent, quotidiennement, à propos de l'actualité, n'a jamais souffert de ses lacunes en géo et souhaité y remédier ? Pourquoi à la fois cet attrait et ce désintérêt, cet appétit et cette véritable géophobie ?

Etymologiquement, géographie veut dire écriture, étude de la terre. Mais encore. Ouvrons des manuels de géographie de CM (9-10 ans) : on y étudie, au hasard de cartes et graphiques touffus, la production d'acier, d'aluminium, de bauxite, de maïs, de blé, d'orge,... etc. On y trouve des données sur l'élevage des bovins, ovins et porcins, sur l'électrochimie, la navigation intérieure, les ensembles portuaires, les hydrocentrales, l'aéronautique, les fibres synthétiques, le climat océanique de l'intérieur, les falaises calcaires, le débit de la Seine, les pâturages des Alpes, les massifs forestiers du Périgord, les exportations de matériel agricole, le secteur tertiaire...

D'abord, la plupart du temps, le monde est réduit à la France. Ensuite, les données enseignées sont inadaptées au public concerné. Elles intéresseraient beaucoup les ingénieurs, les économistes, les scientifiques, mais elles sont abstraites et ennuyeuses pour des enfants de 9 ans (elles ne sont pas ennuyeuses parce qu'elles sont complexes. La vie et les faits eux-mêmes sont complexes, et nous ne sommes pas partisans d'un misérabilisme qui voudrait confiner l'enfant à l'étude de son quartier. Le tout est de savoir si telle notion doit ou ne doit pas être abordée avec des enfants de 9 ans, si elle peut l'être utilement).

Par contre, pour ces mêmes enfants, il ne serait pas indifférent de savoir où se trouve tel pays, telle ville, tel grand fleuve, dans quels pays on meurt de faim, quelles langues sont les plus parlées, quelles religions les plus pratiquées,... etc. C'est dans cet esprit que nous avons essayé de rassembler une série complète de données lisibles sur cartes et accessibles à des enfants. Le manque de place nous a conduits à éliminer les moins élémentaires d'entre elles, comme la carte des armes nucléaires, celle de la pollution, celle des bases militaires américaines, soviétiques et françaises, celle des équipements médicaux, des avantages sociaux, du niveau de vie, des libertés,... etc, autant de données dont l'étude aurait été intéressante bien que complexe. Enfin, comme il est dit plus haut, le fait qu'une partie seulement du programme soit traitée nous a amenés à écarter d'entrée, sans raisons pédagogiques, comme extérieures à l'objet du livre, toutes notions géographiques n'étant pas consignables en cartes.

Le vocabulaire   «...le Rhin, un poisson d'eau douce...»

On sous-estime toujours l'importance du vocabulaire. Nous y avons consacré un livre. Le vocabulaire (la quantité de chose qu'on connaît et dont on connaît le nom) est à la fois un constituant déterminant et une expression de l'intelligence.

A 7 ans, un enfant correctement pris en charge sait lire : en présence d'un texte ou de tout message écrit dans sa langue, il est capable, plus ou moins rapidement, d'en comprendre le sens et d'en tirer des conséquences en terme de réflexion et d'action. L'enfant, l'adulte liront plus ou moins vite, ils comprendront plus ou moins bien, continueront ou arrêteront de lire selon qu'il seront ou non rebutés par la proportion de termes inconnus contenue dans le texte en question (nous postulons, bien sûr, que ce texte les intéresse). Il en serait de même avec tout discours. Cela signifie que plus on en sait, plus on peut en apprendre, et que les lacunes en vocabulaire (les mots qu'on ne connaît pas) sont autant d'obstacles à la poursuite de n'importe quel projet.

Schématiquement, on peut diviser le vocabulaire en deux catégories : le vocabulaire général, littéraire, et le vocabulaire spécialisé, scientifique. Ce dernier se subdivise en autant de sous-catégories qu'il existe de domaines dans la connaissance : histoire, géographie, biologie, physique, chimie, mathématique, ... etc. Avoir un bon vocabulaire (condition pour accéder à un discours de complexité moyenne, courante) implique que chaque sous-catégorie soit garnie d'un minimum de mots. Que «monarchie», «polygone», «antarctique», «générique» ne soient pas du chinois. Dans le vocabulaire géographique, qui nous intéresse ici, que Nil ne soit pas un département, Asie une planète et Rhin un poisson d'eau douce.

Or l'actualité nous transporte aux quatre coins de France et du monde, d'où une incidence accrue du vocabulaire géographique par rapport aux autres catégories. Nous devions donc, pour répondre à ce besoin et pour atteindre complètement notre objectif, apporter des connaissances et, parallèlement, même prioritairement, essayer de «déposer une couche» de vocabulaire géographique dans l'esprit du lecteur. Ce souci fut constant tout au long de l'élaboration du livre : notre jeune lecteur, après son tour du monde, rencontrant plus tard Afrique, Pékin, Gange, Rocheuses, Bolivie, Texas, Antilles, Pacifique, Normandie, Sarcelles, s'il n'identifie et ne localise exactement ces lieux, pourra au moins les ranger dans leur classe d'appartenance : continents, villes, fleuves, montagnes, pays, états, îles... etc. A force d'avoir vu et revu les cartes de notre Atlas, il aura considérablement rempli son «réservoir» de vocabulaire géographique.

Choix et ordre des pages   «l'étude des départements.»

Parce qu'un détail ne peut être complètement et bien perçu qu'en tant qu'élément de l'ensemble auquel il appartient, parce que la France, dessin sur un bout de papier, ne prend toute sa réalité que comme partie de l'Europe et du monde, nous aurions souhaité présenter une progression qui examine l'ensemble avant ses éléments : univers, système solaire, terre, continents, France. Pour des raisons pédagogiques (les pages «monde» demandent un lecteur déjà familiarisé avec les continents et leurs pays), nous avons dû casser cet ordre et établir le suivant : terre, continents, monde, France, Paris. En intercalant quelques pages monde avant les pages continents, nous n'avons fait qu'affirmer notre attachement à la logique développée plus haut. A propos de l'option pour un mini-chapitre «Paris», nous ne croyons pas nous tromper : bon nombre d'évènements quotidiens importants ont pour théâtre la région parisienne.

S'est ensuite posée la question de déterminer quelles données géographiques (fleuves, capitales...) devraient être traitées dans chacun des chapitres.

Fondant notre sélection sur l'incidence de ces données, nous avons choisi de traiter : fleuves, montagnes, pays, capitales (régions et départements pour le chapitre France). La notion d'orientation est abordée, à plusieurs reprises, de façon dynamique. L'étude des départements, considérée sous l'angle de son utilité, n'est pas aussi rétro qu'il y paraît : il ne s'agit pas d'en faire retenir la liste numérotée. Il s'agit, outre l'affectation des départements dans leur classe d'appartenance sémantique, et en rapport avec les noms des rivières dont ils sont souvent tirés, d'en faciliter la localisation. Si, enfin, la progression présentée doit impérativement être respectée, il n'est pas du tout indispensable qu'une classe entière travaille en même temps sur la même page. Que chacun ou chaque groupe voyage à sa vitesse.

Le jeu, méthode pédagogique«...le succès est au bout du crayon...»

Il existe dans le commerce une infinité de jeux dits éducatifs. Malheureusement, un thème scolaire ne suffit pas à transformer des mots croisés ou des programmes en outils d'apprentissage. L'exercice scolaire suppose une réflexion d'auteur à priori sur la matière enseignée et sur la place du jeu dans le processus d'apprentissage. Nous avons plus haut suffisamment «décortiqué» la matière géographie et les constituants du savoir géographique. Voyons ce que le jeu apporte et de quelle manière.

Nos grilles servent à deux choses. D'abord, l'enfant joue et n'a pas l'impression d'apprendre. Si intéressante que puisse être une géographie moderne, il est difficile de «concentrer» 30 enfants au même moment sur le même travail : nos grilles «accrocheront» les plus distraits et ne déplairont pas aux autres, qui préfèrent de toute façon apprendre en s'amusant et, pourquoi pas, dans un esprit de compétition (le problème du déplacement des mots sera alors un jeu d'ordre mathématique).

Surtout, et c'est leur deuxième utilité, les grilles servent d'instruments d'auto-correction : tout au long de chaque exercice, elles valideront les réponses à la manière d'un ordinateur qui répondrait «c'est bien» ou «cherche encore». D'une façon générale, les grilles assurent une attitude active et éveillée. Impossible d'écrire des réponses en dormant, il faut les placer et elles n'entrent dans la grille que si elles sont justes. On est obligé de réussir et, poussé par le jeu, on veut réussir. Cela peut être long, mais le succès est au bout du crayon avec, pour tous, le même bénéfice : le lecteur, devant consulter 10 fois les mêmes cartes, s'imprègnera de multiples données géographiques. En fin de livre, demandez-lui où se trouve l'Uruguay :... élémentaire!

Attention, il ne faut pas faire l'économie de la recherche (dans les cartes) et de la réflexion. Cela conduirait au blocage, car toutes les pages ont été construites sur un mode anti-fraude, pour éviter que tel mot n'aille automatiquement vers telle grille. Les corrigés, en fin de livre, sont à utiliser selon le choix de chacun. Les parents et les instituteurs méfiants les découperont et les déposeront en lieu sûr. Si adulte et enfant décident de s'engager ensemble dans l'aventure géographique, on peut aider l'enfant en lui indiquant un mot, une lettre, ou, mieux, les moyens de les trouver seul.

Données cartographiques   «...de nombreuses îles ont disparu...»

Toutes les cartes du livre ont été réalisées par l'atelier «Etudes et Cartographie». Pour les cartes du monde, la projection utilisée est la projection Bertin. Si les contours de certaines cartes ainsi que certaines données statistiques, à notre demande, ont été simplifiés pour que l'ensemble reste bien lisible, la marge d'erreur et d'approximation a été réduite au maximum. Le Qatar, Bahrein, Brunéi, Andorre,... (les petits pays, de nombreuses îles) ont disparu de certaines cartes. Cela ne traduit naturellement aucune hostilité vis à vis des populations concernées. Le terme Cambodge, couramment employé, a été préféré à Kamputchéa. Zimbabwe, Sri Lanka et Burkina Faso ont été préférés à Rhodésie, Ceylan et Haute-Volta. Afin que les jeunes lecteurs ne s'y perdent pas trop, certains couloirs imaginaires ont été creusés au sein des très longues chaînes montagneuses.

Bon voyage à tous nos jeunes lecteurs.

MISE EN TRAIN

Ces quelques conseils t'éviteront de t'égarer. Lis-les attentivement et suis-les tout au long du livre.

* Les majuscules doivent être assez grosses et toujours très bien dessinées :

A	B	C	D	E	F	G	H	I	J	K	L	M
N	O	P	Q	R	S	T	U	V	W	X	Y	Z

* On écrit de gauche à droite et de haut en bas : | A | M | E | R | I | Q | U | E |

* Dans les grilles, les accents, apostrophes, espaces et **traits d'union** sont supprimés :

O
U
A
G
A
D
O
U
G
O
U

Nouvelle-Zélande | N | O | U | V | E | L | L | E | Z | E | L | A | N | D | E |

Côte d'Ivoire | C | O | T | E | D | I | V | O | I | R | E |

* Mots à caser : fais tes calculs avant d'écrire, gomme le moins possible.
Entraîne-toi :

France
Italie
↳

Paris ↗
Rome
Bombay

Maroc Grèce Ghana
Pérou Kenya URSS
↳

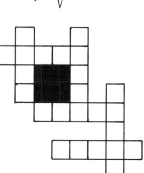

9

SYSTEME SOLAIRE

Neuf planètes tournent autour du soleil. Cherche la bonne carte et écris leur nom dans la grille.

CONTINENTS

Place dans cette grille le nom des 6 continents habités. Les continents sont les grandes masses de terre. Attention, l'Australie n'est pas un continent, mais un pays (carte «la terre déroulée»).

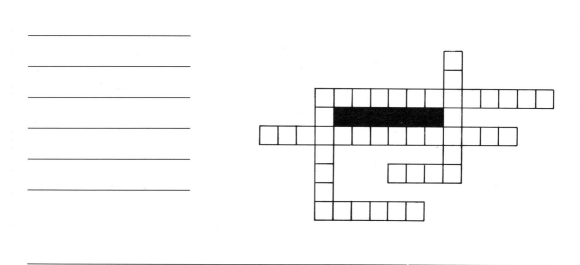

GRANDES VILLES DU MONDE

Les points indiquent l'emplacement de quelques très grosses villes. Ecris le nom de ces villes dans la grille.

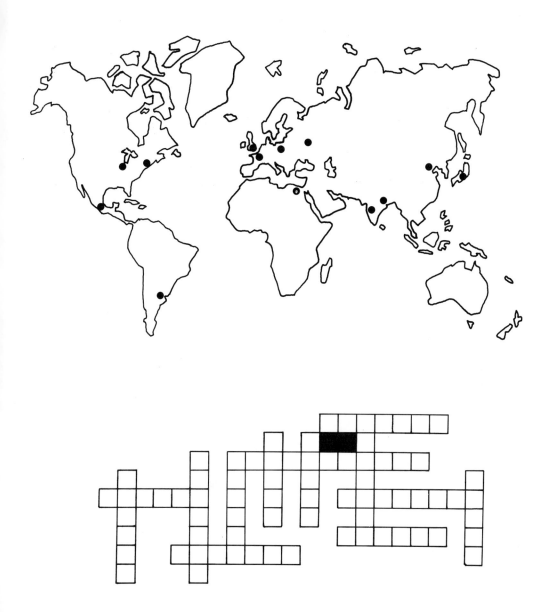

GRANDS FLEUVES DU MONDE

Identifie les fleuves représentés sur cette carte et écris leur nom dans la grille.
Utilise les cartes physiques.

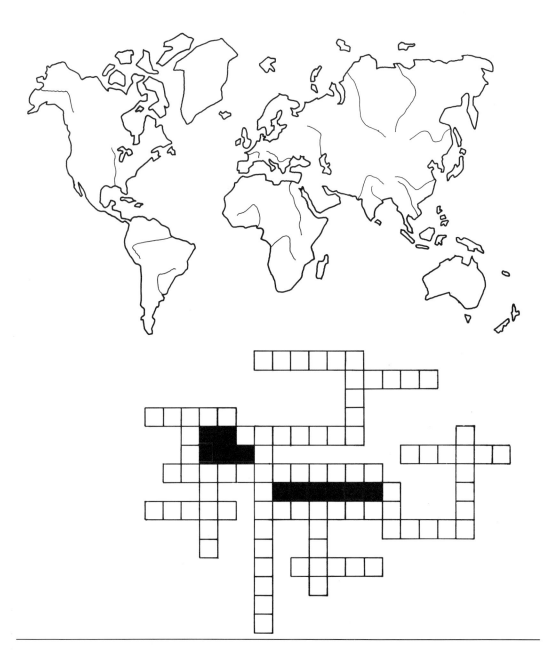

MONTAGNES

Cherche et écris dans la grille le nom des montagnes dessinées en noir. Utilise les cartes physiques.

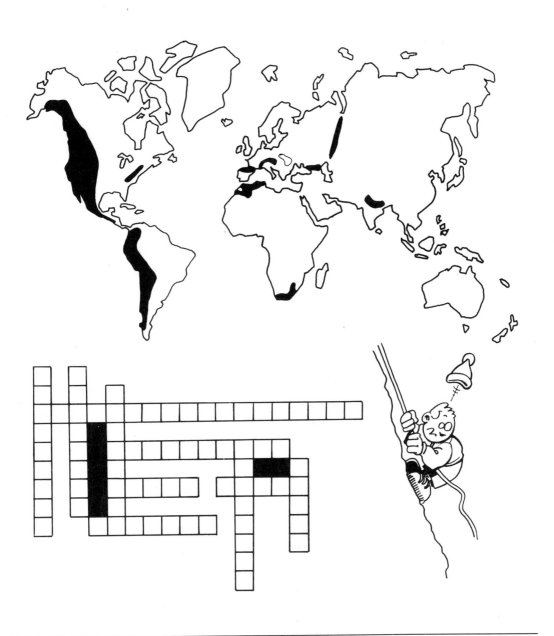

PAYS

Cherche et écris dans la grille le nom de tous les pays indiqués par une croix.
Utilise les cartes des pays.

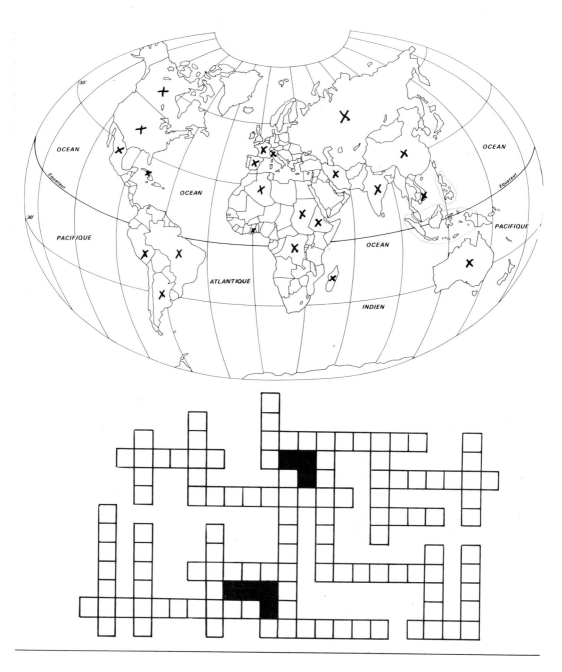

HABITANTS

Un habitant de **France** est **français.** Sais-tu comment on appelle les habitants des autres pays ?
Renseigne-toi dans ton dictionnaire et remplis cette grille en y écrivant le nom d'un habitant
de ces pays ou continents :

- Pologne   _____
- Angleterre   _____
- Grèce   _____
- Asie   _____
- Europe   _____
- Autriche   _____
- Afrique   _____
- Suède   _____
- Roumanie   _____
- Luxembourg   _____
- Turquie   _____
- Suisse   _____
- Allemagne   _____
- Amérique   _____
- Hongrie   _____

AFRIQUE

Ecris dans la grille le nom des pays indiqués par une croix.

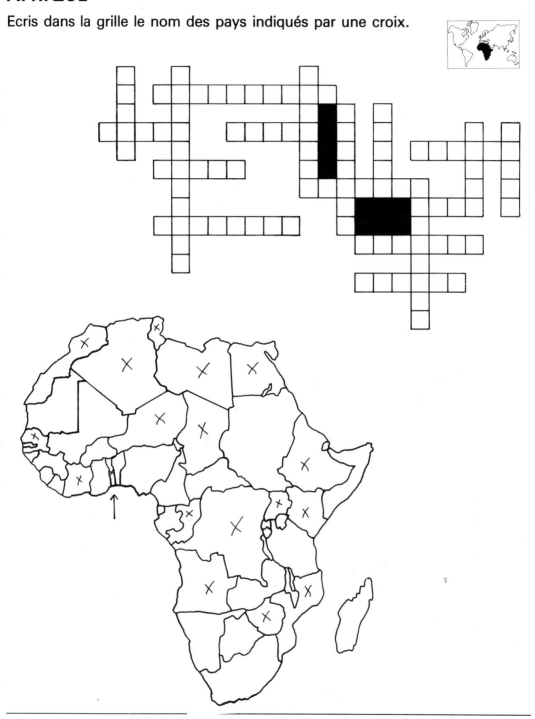

CAPITALES D'AFRIQUE

Localise les pays suivants et écris leur capitale dans la grille :

Algérie _____

Egypte _____

Tchad _____

Gabon _____

Kenya _____

Cameroun _____

Ethiopie _____

Afrique du Sud _____

Centrafrique _____

Soudan _____

Libye _____

Maroc _____

Sénégal _____

Zaïre _____

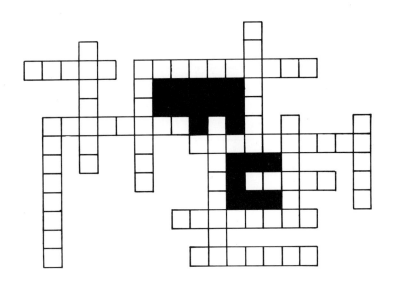

PUZZLE

Identifie et place dans la grille ces 16 pays d'Afrique (l'orientation n'est pas modifiée).

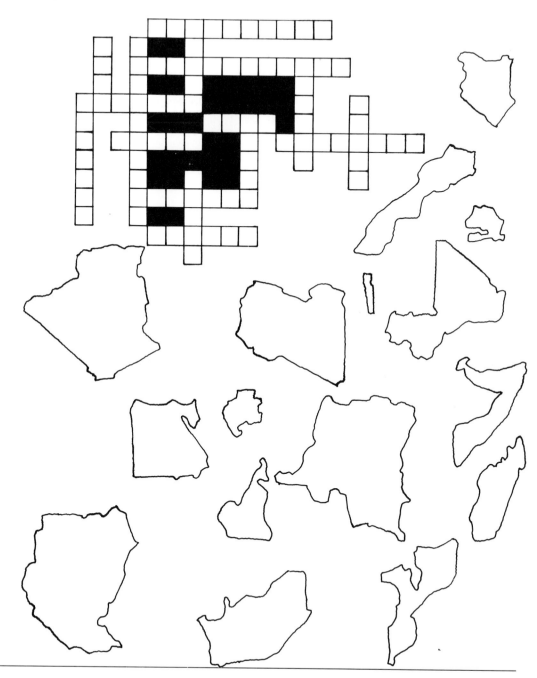

PAYS D'AFRIQUE

Localise et place dans la grille ces pays d'Afrique :

- un pays qui se trouve au nord du Gabon.
- un pays qui se trouve à l'ouest du Congo.
-     "   "   à l'est du Congo.
-     "   "   à l'ouest du Kenya.
-     "   "   au sud-ouest de la Somalie.
-     "   "   au nord du Nigéria.
-     "   "   au sud de la Libye.
-     "   "   à l'ouest de l'Ethiopie.
-     "   "   au nord-ouest de la Somalie.
-     "   "   à l'ouest de l'Egypte.
-     "   "   à l'est du Maroc.
-     "   "   au sud de la Mauritanie.
-     "   "   au nord du Burkina.
-     "   "   à l'est du Ghana.
-     "   "   à l'ouest du Nigéria.
-     "   "   à l'ouest de la Zambie.

EUROPE

Identifie les pays indiqués par une croix et écris leur nom dans la grille.

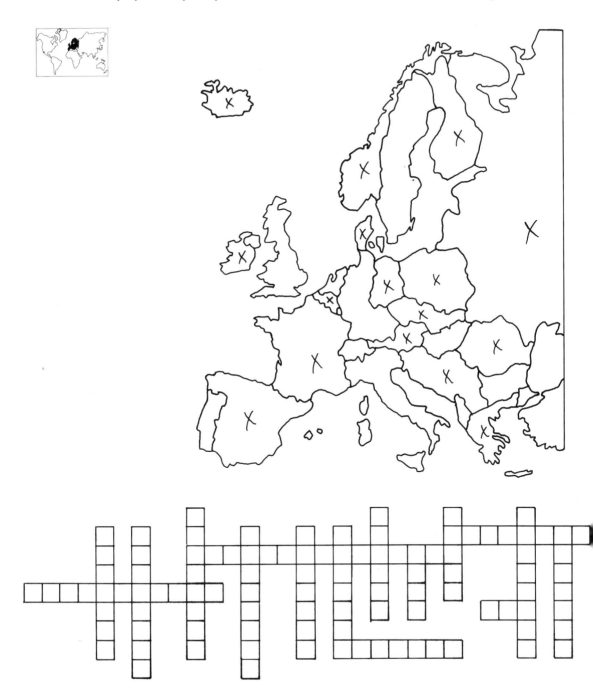

CAPITALES D'EUROPE

Cherche la capitale de ces pays et place toutes les capitales dans la grille :

France
Espagne
Portugal
Angleterre (Royaume-Uni)
Belgique
Suisse
Italie
Allemagne de l'ouest (RFA)
Autriche

PAYS D'EUROPE

Voici des capitales. Ecris les pays dans la grille.

Moscou
Tirana
Oslo
Budapest
Varsovie
Reykjavik
Sofia
Prague
Helsinki
Stockholm
Athènes
Bucarest

PUZZLE

Identifie et place dans la grille ces 14 pays d'Europe.

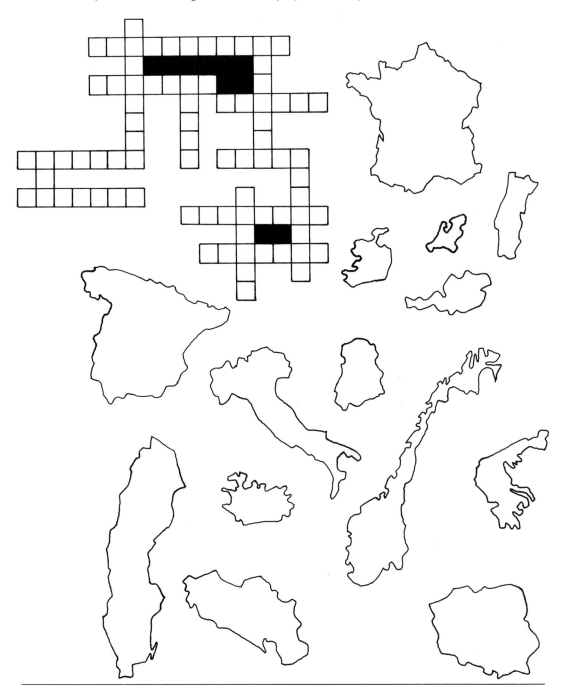

GRANDES VILLES D'EUROPE

Cherche et écris :

- dans la grille 1, 3 villes du Royaume-Uni.
- dans la grille 2, 2 villes du Portugal.
- dans la grille 3, 4 villes d'Espagne.
- dans la grille 4, 4 villes d'Italie.
- dans la grille 5, 4 villes d'URSS.
- dans la grille 6, 4 villes d'Allemagne (RFA ou RDA).

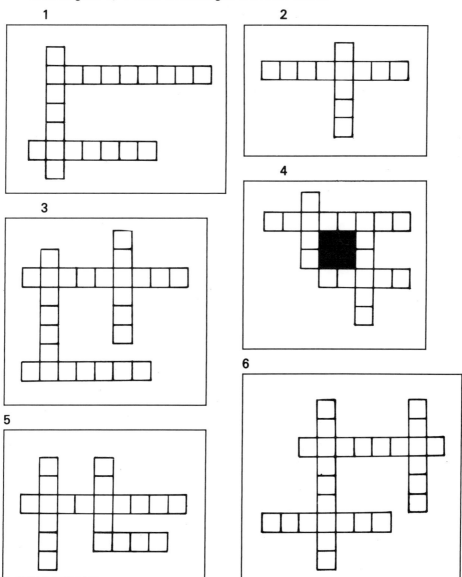

ASIE

Identifie les pays indiqués par une croix et écris leur nom dans la grille.

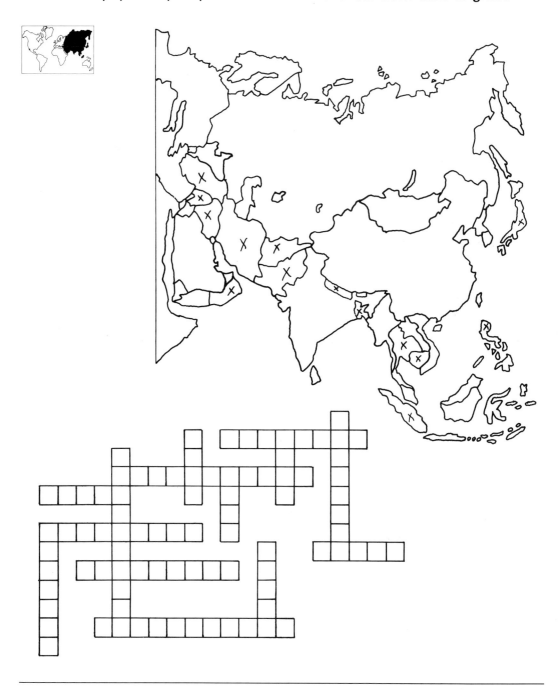

PAYS D'ASIE

Voici des capitales d'Asie. Ecris les pays dans la grille.

Pnom-Penh   —————————————

Moscou   —————————————

Ankara   —————————————

Pékin   —————————————

Kaboul   —————————————

Tokyo   —————————————

Téhéran   —————————————

Damas   —————————————

Ryad   —————————————

New-delhi   —————————————

Bagdad   —————————————

Katmandu   —————————————

Islamabad   —————————————

Dacca   —————————————

Rangoon   —————————————

Bangkok   —————————————

Hanoï   —————————————

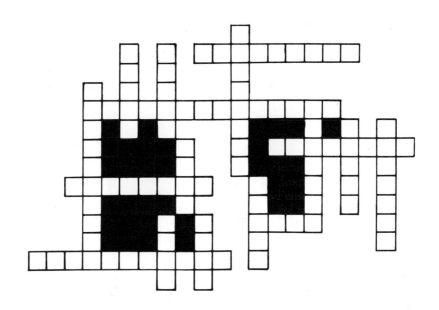

PUZZLE

Petits par le nombre de lettres mais grands par la taille. Certains pays d'Asie sont très grands.
Plus grands encore qu'il ne semble, car il sont moins grossis sur la carte que les pays d'Europe.
Pour une juste idée des proportions, observe la France au nord-ouest de l'Asie. Identifie ces
pays et range-les dans la grille.

PAYS D'ASIE

Cherche et écris :

- dans la grille 1, les pays limitrophes du Laos.
- dans la grille 2, les pays limitrophes de la Syrie.
- dans la grille 3, les pays limitrophes de l'URSS.

LE SUD-EST ASIATIQUE

Identifie les pays suivants et écris leur nom dans la grille. Utilise les cartes suivantes : Asie pays, Asie physique, Océanie.

1 : une énorme île située au sud-est de l'Asie mais qui ne fait pas partie de l'Asie.

2 : une petite île française située à l'est de 1.

3 : pays formé de 2 grandes îles situées au sud-est de l'Australie.

4 : Pays composé de Sumatra, Java, Bornéo et de nombreuses autres îles.

5 : pays en 2 parties, l'une étant limitrophe de la Thaïlande et l'autre limitrophe de 4.

6 : pays composé d'îles dont la capitale est Manille.

7 : île située au sud de l'Inde.

8 : petite île située à l'est de la Chine.

9 : Groupe d'îles situées à l'est de la Corée.

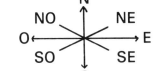

28

AMERIQUE DU SUD

Ecris dans la grille le nom des pays indiqués par une croix.

CAPITALES D'AMERIQUE (du nord, du sud)

Cherche et écris dans la grille la capitale des pays suivants :

- Canada   _____
- Argentine   _____
- Etats-Unis   _____
- Chili   _____
- Mexique   _____
- Paraguay   _____
- Vénézuela   _____
- Uruguay   _____
- Bolivie   _____
- Pérou   _____
- Brésil   _____
- Colombie   _____
- Equateur   _____

AMERIQUE CENTRALE

Localise et écris dans la grille ces pays d'Amérique centrale :

1 : 2 pays qui touchent le Mexique.

2 : pays situé au nord de Costa-Rica.

3 : grande île allongée.

4 : petite île située au sud de 3.

5 : pays situé au sud du Guatémala.

6 : pays situé au nord-est du 5.

7 : pays situé à l'ouest de la Colombie.

8 : groupe d'îles situées au nord de Cuba.

9 : moitié «gauche» d'une île située à l'est de Cuba.

10 : île située à l'est de la République dominicaine.

11 : 2 îles françaises.

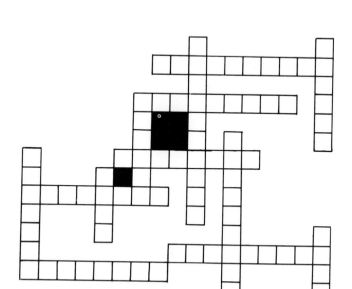

LES ETATS-UNIS D'AMERIQUE

Localise et écris dans la grille ces états faisant partie des Etats-Unis d'Amérique :

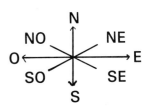

1 : un état situé au sud de Montana.

2 : un état situé au sud de l'Orégon.

3 :   "   "   à l'ouest de l'Utah.

4 :   "   "   au sud de l'Utah.

5 :   "   "   au nord du Nouveau-Mexique.

6 :   "   "   au sud-est du Nouveau-Mexique.

7 :   "   "   au nord du 6.

8 :   "   "   au sud du Nébraska.

9 :   "   "   au sud du Wisconsin.

10 :   "   "   au sud-ouest du 9.

11 :   "   "   au sud-ouest du Mississippi.

12 :   "   "   au nord-est du Mississippi

13 :   "   "   à l'est du Mississippi.

14 :   "   "   au sud de la Géorgie.

EUROPE, RELIEF

Utilise la carte physique et la carte des mers d'Europe.

- le plus long fleuve de France.
- la montagne qui sépare la France et l'Espagne.
- un pays nordique très montagneux.
- un fleuve d'Espagne.
- mer dans laquelle se jette la Seine.
- long fleuve qui traverse 7 pays.
- un fleuve qui se jette dans la Baltique.
- montagne allongée d'Italie.
- fleuve d'Angleterre (Royaume-Uni).
- montagne qui sépare la France et l'Italie.
- île située au sud-ouest de l'Italie.
- pays traversé par la vistule.
- île située au sud-est de la Grèce.
- montagne située au nord du Danube.
- mer dans laquelle se jette le Pô.
- affluent du Rhin.
- fleuve qui prend sa source en France et qui se jette dans la mer du Nord.

AFRIQUE, RELIEF

- montagne du Maroc et de l'Algérie.
- fleuve qui se jette dans la Méditerranée.
- océan dans lequel se jette le fleuve Congo.
- 3 fleuves qui portent le nom d'un pays.
- fleuve du sud de l'Afrique.
- fleuve qui se jette dans l'océan indien.
- dernier pays traversé par le Zambèze.
- 2 lacs qui portent le nom d'un pays.
- montagne du sud de l'Afrique.
- dernier pays traversé par le Nil.
- grand pays traversé par le fleuve Congo.

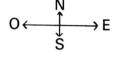

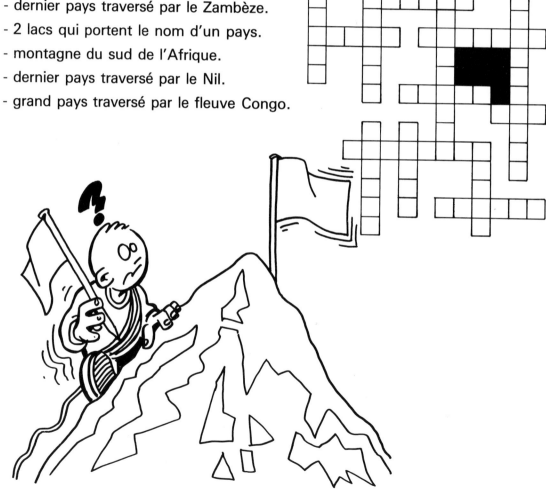

- montagne de Turquie.
- grand pays situé au sud-ouest de l'Himalaya.
- les 2 fleuves qui «entourent» ce pays.
- long fleuve chinois situé au sud du fleuve jaune.
- île située au nord de Java.
- dernier pays traversé par le Mékong.
- fleuve parallèle au Tigre.
- fleuve qui fait la frontière nord-est de la Chine.
- fleuve d'URSS situé à l'est de l'Ob.
- pays où le Dniepr et la Volga prennent leur source.
- pays où se trouve la montagne Kuhrud.
- montagne allongée qui sépare l'Europe et l'Asie.

N
O ← → E
S

AMERIQUE DU NORD, RELIEF

- montagne de l'est des Etats-Unis.

- longue chaîne montagneuse bordant la côte ouest.

- fleuve d'Alaska.

- fleuve du nord-ouest du Canada.

- capitale du pays traversé par le fleuve Saint-Laurent.

- affluent du Mississippi.

- fleuve servant de frontière entre le Mexique et les Etats-Unis.

- pays du Mississippi.

- dernier pays traversé par le fleuve Colorado.

N
O←――┼――→E
S

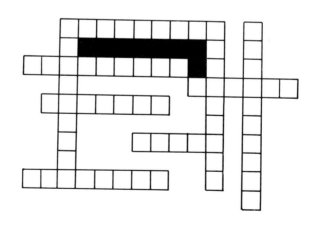

AMERIQUE DU SUD, RELIEF

- île située au sud de l'Argentine.
- long fleuve prenant sa source au Pérou.
- affluent de ce fleuve.
- montagne située à l'est du fleuve Paraguay.
- grande chaîne de montagnes sur toute la côte ouest.
- pays allongé très montagneux bordant la côte pacifique.
- fleuve situé entièrement au nord de l'équateur.
- pays où le Parana prend sa source.
- dernier pays traversé par le Parana.
- océan dans lequel se jette l'Amazone.

N
O ←—┼—→ E
S

LE CONTINENT MYSTERIEUX

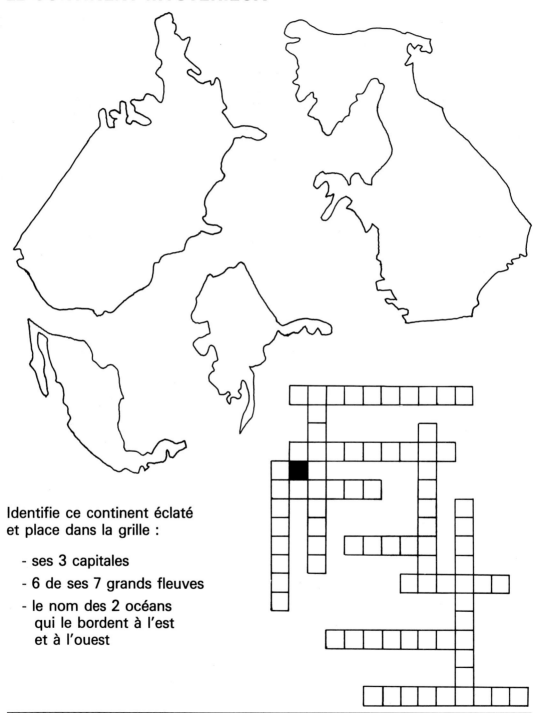

Identifie ce continent éclaté
et place dans la grille :

- ses 3 capitales

- 6 de ses 7 grands fleuves

- le nom des 2 océans
  qui le bordent à l'est
  et à l'ouest

MEDITERRANEE

La mer méditerranée a toujours tenu une place importante dans le monde. Relève et place dans la grille 10 grands pays qui la bordent.

ENIGME

Horreur ! 12 pays d'Europe ont disparu de la carte. Trouve lesquels et fais-les réapparaître en les écrivant dans la grille. N'oublie pas les îles, et d'abord celle qui se cache sous la grille.

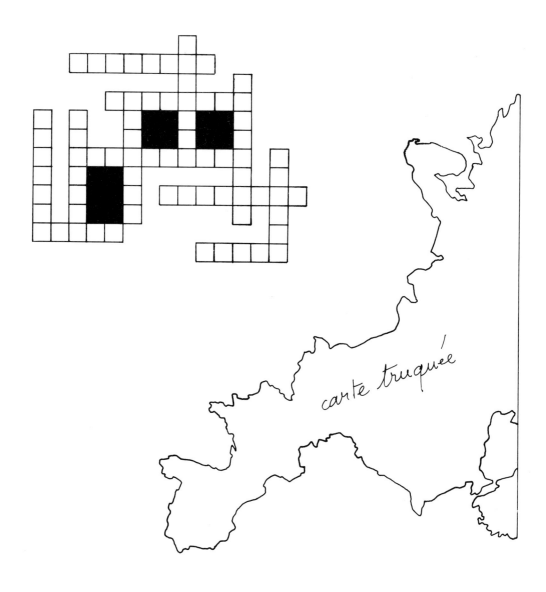

carte truquée

HEMISPHERES

Place tous ces pays dans la bonne grille selon qu'ils appartiennent à l'hémisphère nord, à l'hémisphère sud ou qu'ils se situent à cheval sur l'équateur. Utilise la carte du monde et les cartes des continents (le continent est indiqué entre parenthèses).

Chine (As)
Gabon (Af)
Chili (AmS)
Pérou (AmS)
Congo (Af)
Suède (E)
Japon (As)
Zaïre (Af)
Angola (Af)
Bolivie (AmS)
Ouganda (Af)
Somalie (Af)
Canada (AmN)
Equateur (AmS)
Mexique (AmN)
Colombie (AmS)
Uruguay (AmS)
Hongrie (E)
Paraguay (AmS)
Tanzanie (Af)
Brésil (AmS)
Ethiopie (Af)
Finlande (E).

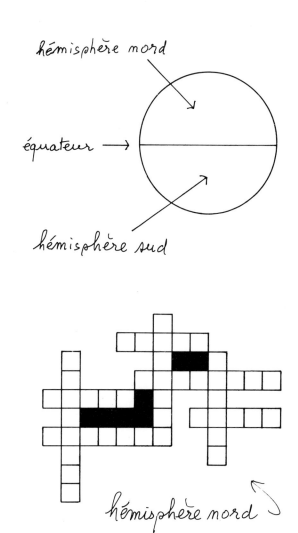

hémisphère nord

équateur →

hémisphère sud

hémisphère nord

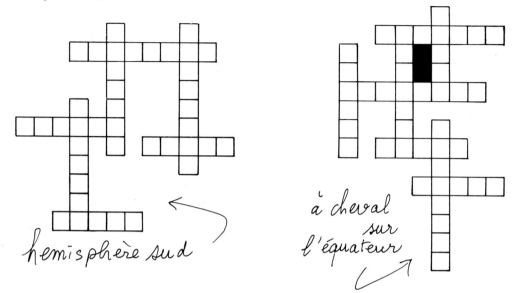

hémisphère sud

à cheval sur l'équateur

PARALLELES

Les parallèles sont des cercles imaginaires tracés à la surface de la terre parallèlement à l'équateur. Ils «coupent la terre en tranches» et servent à mesurer la latitude d'un lieu. Au nord du 60ème parallèle de l'hémisphère nord, il fait très froid. Relève et écris dans la grille tous les pays situés au nord de ce 60ème parallèle (pour les régions rattachées à un autre pays, choisis le nom de la région).

ILES

Localise ces îles et écris leur nom dans la grille. Utilise, dans cet ordre, les cartes suivantes :
Europe physique, Asie pays, Afrique pays, Europe pays, Amérique du Nord physique, Océanie,
Amérique centrale pays.

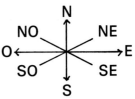

- les 2 plus grosses îles de la Méditerranée.

- groupe d'îles à l'est du Viet-Nam.
- groupe d'îles à l'est de la Corée.
- une île qui se trouve au sud de l'Inde.

- Une île située au sud-est de l'Afrique.

- une île située à l'ouest de la Norvège.

- une île située à l'est du Canada.

- une île située au sud-est de l'Australie.

- une île allongée d'Amérique centrale.

OCEANS

Divise cette liste de pays en deux ensembles : ceux qui bordent l'Atlantique et ceux qui bordent le Pacifique. Attention, certains pays bordent les deux à la fois, d'autres pays ne bordent ni l'un ni l'autre (pense au troisième océan).

Tanzanie (Af)
Maroc (Af)
Benin (Af)
Portugal (E)
Panama (AmC)
Chili (AmS)
Etats-Unis (AmN)
Philippines (Oc)
Kenya (Af)
Oman (As)
Pakistan (As)
France (E)
Inde (As)
Nigéria (Af)
Pérou (AmS)
Gabon (Af)
Japon (As)
Somalie (Af)
Cameroun (Af)
Canada (AmN)
Côte d'Ivoire (Af)
Equateur (AmS)

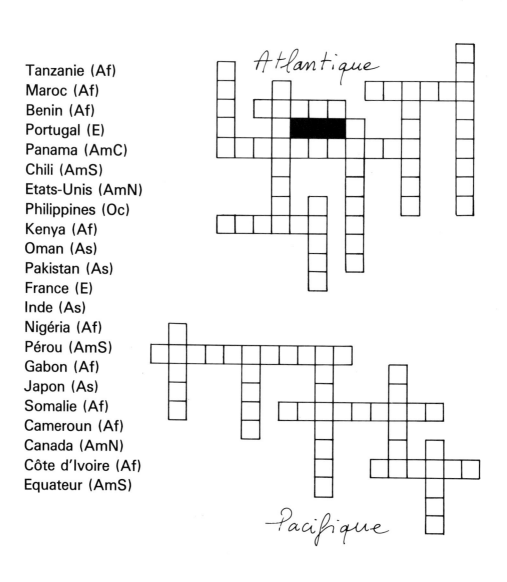

DESERTS

Le froid, la chaleur, la sécheresse rendent toute vie et végétation pratiquement impossibles dans certaines régions du monde, inhabitées ou presque, appelées déserts. Pour la grille, consulte la carte des déserts et pêche dans cette liste de pays tous ceux qui ont une partie désertique. Utilise les cartes suivantes : zones désertiques, terre, pays.

Cuba (AmC)
Etats-Unis (AmN)
Mexique (AmN)
URSS (As)
Egypte (Af)
Italie (E)
France (E)
Pologne (E)
Colombie (AmS)
Tanzanie (Af)

Algérie (Af)
Somalie (Af)
Libye (Af)
Royaume-Uni (E)
Japon (As)
Vénézuela (AmS)
Equateur (AmS)
Mozambique (Af)
Australie (Oc)
Arabie Séoudite (As)

Malaisie (As)
Canada (AmN)
Madagascar (Af)
Argentine (AmS)
Namibie (Af)
Grèce (E)
Espagne (E)
Islande (E)
Philippines (As)
Tchécoslovaquie (E)

LA FAIM DANS LE MONDE

Dans certains pays, la nourriture est riche et abondante. Dans d'autres pays, elle est seulement suffisante pour vivre. Dans d'autres pays, on meurt de faim à cause de la sous-alimentation. Consulte la bonne carte et divise cette liste de pays en 3 ensembles : nourriture riche, nourriture suffisante, nourriture insuffisante.

Australie (Oc)   Inde (As)   Brésil (AmS)
Canada (AmN)   Argentine (AmS)   Indonésie (As)
Algérie (Af)   Etats-Unis (AmN)   URSS (As)
France (E)   Libye (Af)   Bolivie (AmS)
Somalie (Af)   Namibie (Af)   Uruguay (AmS)
Egypte (Af)   Soudan (Af)   Pologne (E)
Angola (Af)   Colombie (AmS)   Pérou (AmS)
Ethiopie (Af)   Cuba (AmC)   Chine (As)
Iran (As)   Maroc (Af)   Mexique (AmN)
Paraguay (AmS)   Zaïre (Af)   Chili (AmS)

nourriture riche ↑

La faim dans le monde (suite)

*nourriture
juste suffisante*

*nourriture insuffisante,
on y meurt de faim*

ZONES FRAGILES

Dans certaines régions du monde, l'écorce terrestre est mince et fragile. Dans ces régions, les volcans sont nombreux et les tremblements de terre fréquents. Cherche la bonne carte et pêche dans cette liste tous ceux qui sont situés (ou qui ont une grande partie située) dans une zone à risques.

Algérie (Af)   Japon (As)
Burkina (Af)   Kenya (Af)
Canada (Am N)   Maroc (Af)
Chili (Am S)   Mexique (Am N)
Congo (Af)   Namibie (Af)
Gabon (Af)   Norvège (E)
Ghana (Af)   Pays-Bas (E)
Grèce (E)   Pérou (Am S)
Irlande (E)   Somalie (Af)
Islande (E)   Suède (E)
Italie (E)   Turquie (As)

RACES

Le racisme est un sentiment de supériorité, de mépris et d'agressivité à l'égard d'une ou de plusieurs races. Il va de la simple moquerie à des attitudes criminelles (massacre des juifs en 1940). Les races, qui n'ont rien à voir avec les performances physiques et intellectuelles, sont des ensembles d'individus ayant des ressemblances (couleur de la peau, forme du visage) probablement dues aux effets millénaires du climat. Trouve la bonne carte, reconnais les pays et remplis ces 3 grilles (l'Alaska et le Groenland ne figurent dans aucune des grilles).

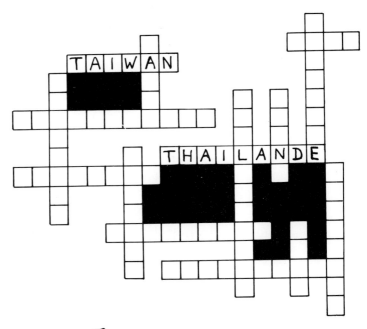

Tous les pays où les habitants sont en majorité ou en grande partie de race jaune

races (suite)

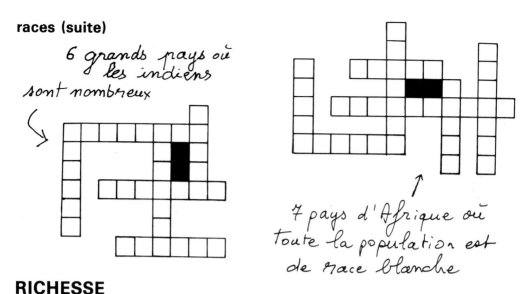

6 grands pays où les indiens sont nombreux

7 pays d'Afrique où toute la population est de race blanche

RICHESSE

Si on considère la richesse moyenne par habitant, certains pays sont très riches. Trouve la bonne carte puis reconnais et écris tous les pays très riches. Les moins visibles sont déjà dans la grille. Pour l'Europe, prends ta loupe. N'écris ni Alaska ni Groenland.

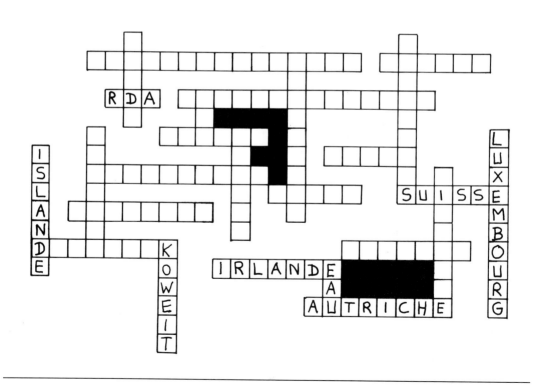

PAYS TRES PAUVRES

Il n'est pas précis de dire qu'un pays est riche ou pauvre. Dans chaque pays, il y a des gens riches et des gens pauvres. Une carte juste doit donner leur pourcentage exact. Trouve cette carte, relève et écris dans la grille le nom de 15 pays très pauvres (4 pays d'Asie, 11 grands pays d'Afrique).

ESPERANCE DE VIE

Le corps humain s'use plus ou moins vite, résiste plus ou moins bien aux attaques des maladies. Avec de bonnes conditions de vie, de travail, d'hygiène et de santé, on peut espérer vivre très vieux. L'espérance de vie varie beaucoup selon les pays. Consulte la bonne carte, lis les consignes et remplis ces deux grilles.

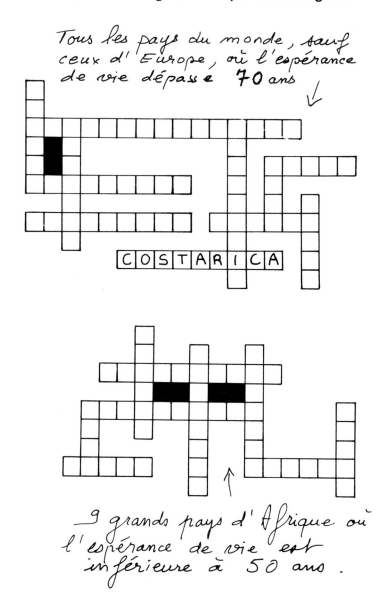

Tous les pays du monde, sauf ceux d'Europe, où l'espérance de vie dépasse 70 ans

COSTARICA

9 grands pays d'Afrique où l'espérance de vie est inférieure à 50 ans.

PAYS JEUNES, PAYS VIEUX

Certains pays sont plus jeunes que d'autres : dans ces pays, il y a une grande proportion d'enfants et de jeunes, une faible proportion de personnes âgées. Divise cette liste de pays en 2 ensembles : pays où il y a beaucoup d'enfants, pays où il y a peu d'enfants.

Angola (Af)
Bolivie (Am S)
Pérou (Am S)
URSS (As)
Italie (E)
Afghanistan (As)
Soudan (Af)
Pologne (E)
Chine (As)
Somalie (Af)

Vénézuela (Am S)
Espagne (E)
Mexique (Am N)
Salvador (Am C)
Australie (Oc)
Grèce (E)
Argentine (Am S)
Maroc (Af)
Canada (Am N)
Ouganda (Af)

Suède (E)
Norvège (E)
Finlande (E)
Chili (Am S)
Uruguay (Am S)
France (E)
Brésil (Am S)
Egypte (Af)
Thaïlande (As)
Yougoslavie (E)

beaucoup d'enfants

ECOLE OU TRAVAIL

En Thaïlande, en Inde, des millions d'enfants doivent travailler pour vivre. Parfois dès 5 ans, parfois 15 heures par jour, à des travaux très pénibles. Ces enfants abîment leur corps, leur santé, ils ne vont pas à l'école et ne pourront jamais s'instruire. Dans certains pays, au contraire, l'école est obligatoire et le travail interdit pour les enfants. Consulte la bonne carte et divise cette liste de pays en 3 ensembles.

Chine (As)	France (E)	Australie (Oc)
Inde(As)	Mali (Af)	Brésil (AmS)
Egypte (Af)	Finlande (E)	Japon (As)
URSS (As)	Thaïlande (As)	Cameroun (Af)
Indonésie (As)	Niger (Af)	Ethiopie (Af)
Libye (Af)	Espagne (E)	Turquie (As)
Canada (AmN)	Portugal (E)	Italie (E)
Iran (As)	Viet-Nam (As)	Pérou (AmS)
Soudan (Af)	Zaïre (Af)	Tchad (Af)

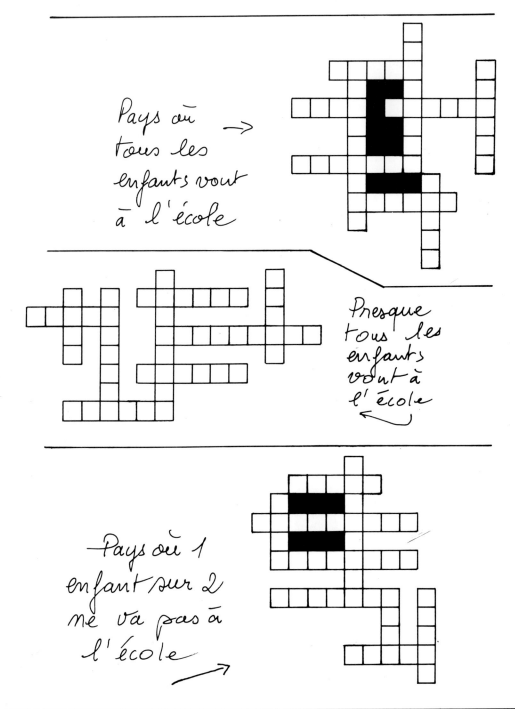

Pays où tous les enfants vont à l'école →

Presque tous les enfants vont à l'école ←

Pays où 1 enfant sur 2 ne va pas à l'école →

SAVOIR ET IGNORANCE

Un analphabète est une personne qui ne sait ni lire ni écrire, qui ne peut donc pas communiquer par écrit avec les autres. Au contraire, celui qui sait lire et écrire peut découvrir et utiliser les connaissances accumulées par l'humanité et entreprendre les activités de son choix. Trouve et étudie la bonne carte puis divise cette liste de pays en 3 ensembles.

Brésil (AmS)	France (E)	Mozambique (Af)
Inde (As)	Australie (Oc)	Royaume-Uni (E)
Chine (As)	Indonésie (As)	Finlande (E)
Canada (AmN)	Nigéria (Af)	Ghana (Af)
Egypte (Af)	Algérie (Af)	Gabon (Af)
URSS (As)	Grèce (E)	Japon (As)
Mexique (AmN)	Portugal (E)	Etats-Unis (AmN)
Iran (As)	Libye (Af)	Turquie (As)

Pays où très peu de gens sont analphabètes (moins de 5%)

Une partie de la population est
analphabète (entre 5 et 50 %)

Plus de 50% d'analphabètes

EX-EMPIRES COLONIAUX

Au fur et à mesure qu'ils découvraient des régions du monde inexplorées, les pays d'Europe de l'ouest, en avance et mieux armés, ont annexé ces régions. Presque tous les pays d'Europe se sont ainsi battus et entendus pour se partager le monde. Chacun s'est donné des morceaux d'Afrique, d'Amérique, d'Asie, qu'on appelle des colonies. La France, l'Espagne, l'Angleterre, la Hollande (Pays-Bas), la Belgique, l'Allemagne (RFA et RDA), l'Italie avaient des colonies. Peu à peu, presque toutes les colonies ont pris leur indépendance. Pour remplir ces grilles, trouve et étudie la carte des anciennes colonies et divise cette liste en 4 ensembles.

Angola (Af)	Algérie (Af)	Tchad (Af)
Egypte (Af)	Kenya (Af)	Cuba (AmC)
Tunisie (Af)	Colombie (AmS)	Gabon (Af)
Mali (Af)	Australie (Oc)	Brésil (AmS)
Afrique du Sud (Af)	Pérou (AmS)	Bangladesh (As)
Centrafrique (Af)	Côte d'Ivoire (Af)	
Bolivie (AmS)	Argentine (AmS)	
Sénégal (Af)	Malaisie (As)	
Inde (As)	Madagascar (Af)	
Burkina (Af)	Viet-Nam (As)	
Philippines (As)	Mexique (AmN)	
Mozambique (Af)	Soudan (Af)	
Canada (AmN)	Mauritanie (Af)	

Pays qui faisaient partie du Portugal

Pays qui faisaient partie de l'Espagne

ex-empires coloniaux (suite)

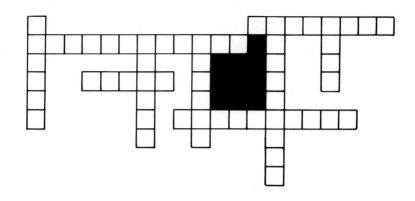

... de l'Angleterre ↑

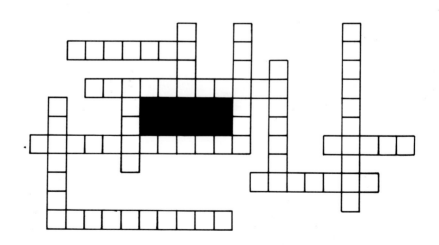

... de la France ↑

LANGUES

Peut-être un jour parlera-t-on la même langue dans le monde entier. En attendant, apprendre plusieurs langues est presque indispensable. La carte en question t'aidera peut-être à faire ton choix. Etudie-la et divise cette liste de pays en 3 ensembles. Attention, on parle 2 langues au Canada.

Madagascar (Af)
Australie (Oc)
Pakistan (As)
Bolivie (AmS)
Colombie (AmS)
Nigéria (Af)
Panama (AmC)
Niger (Af)
Salvador (AmC)
Inde (As)

Etats-Unis (AmN)
Argentine (AmS)
Zaïre (Af)
Equateur (AmS)
Gabon (Af)
Botswana (Af)
Namibie (Af)
Honduras (AmC)
Canada (AmN)
Chili (AmS)

Bangladesh (As)
Pérou (AmS)
Cameroun (Af)
Vénézuela (AmS)
Tchad (Af)
Cuba (AmC)
Mauritanie (Af)
Mexique (AmN)
Mali (Af)

Pays où on parle espagnol ⌐

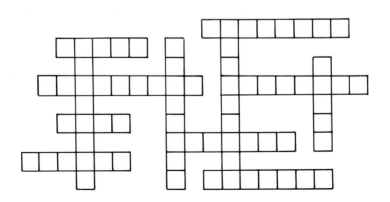

... français ↗

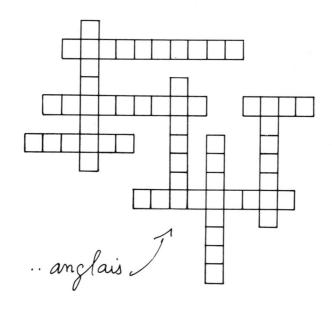

.. anglais ↗

RELIGIONS

La carte des religions, pour être claire, a dû être très simplifiée. Elle ne tient pas compte du pourcentage de non-croyants. Consulte cette carte et divise cette liste de pays en 2 ensembles : pays ou le Christianisme (chrétiens) est la principale religion, pays où l'Islam (musulmans) est la principale religion.

Tu connais le monde comme ta poche, plus besoin des continents...

Sénégal
Malaisie
Norvège
Syrie
Turquie
Autriche
Espagne
Brésil
Indonésie
Suède
Uruguay
Bolivie
Egypte
Soudan
Somalie
Maroc
Zaïre
Cameroun
Algérie
Tunisie
Canada
Etats-Unis
Ghana
Pérou
Pakistan
Mexique
Bangladesh

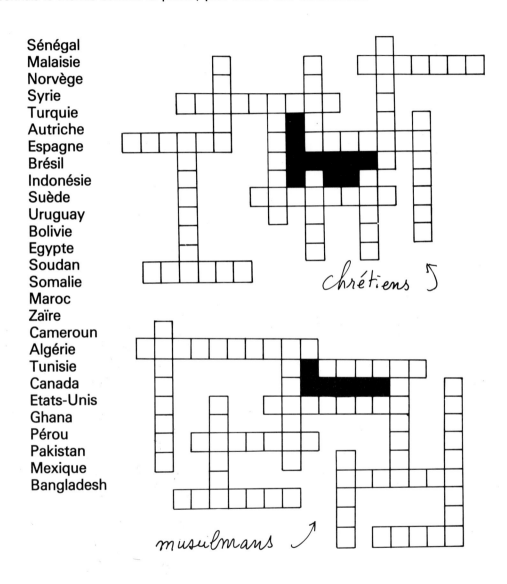

chrétiens

musulmans

REGIONS DE FRANCE

Depuis 1955, la France est divisée en régions. Consulte la carte des régions en fin de livre puis cherche et place le nom des 7 régions qui apparaissent ci-dessous.

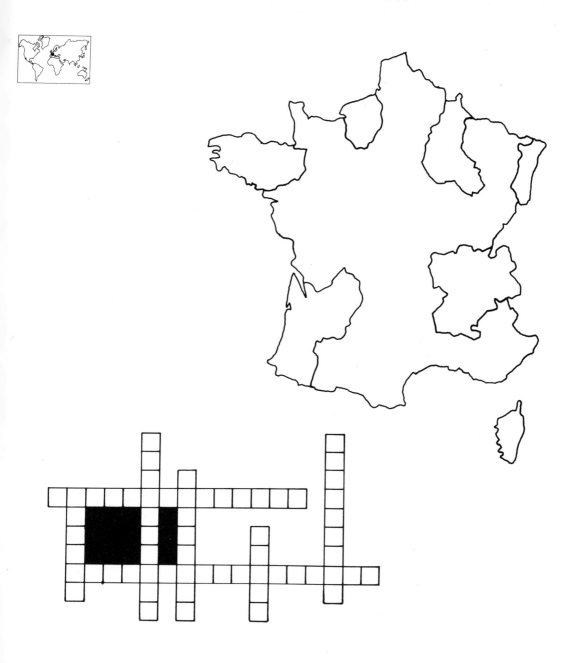

REGIONS (2)

Ecris dans la grille le nom des régions qui apparaissent sur cette carte.

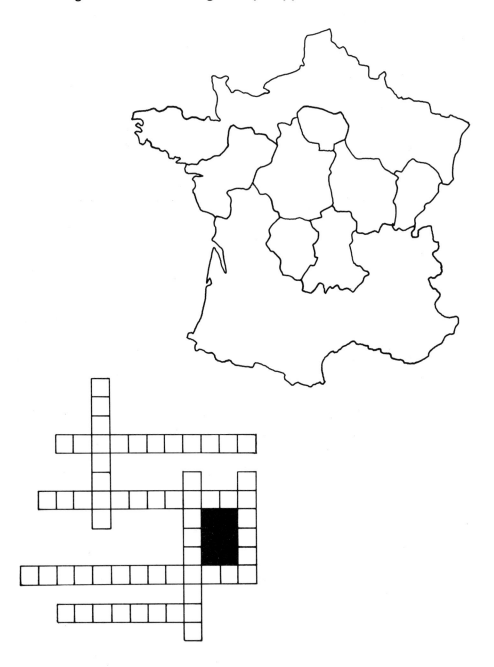

REGIONS (3)

Identifie ces 9 régions et écris leur nom dans la grille. L'orientation n'est pas modifiée.

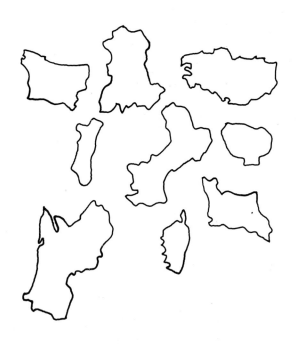

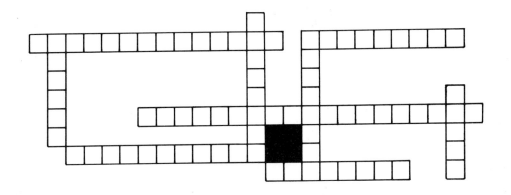

VILLES DE FRANCE

Cherche et place dans cette grille le nom des 15 plus grandes villes de France.

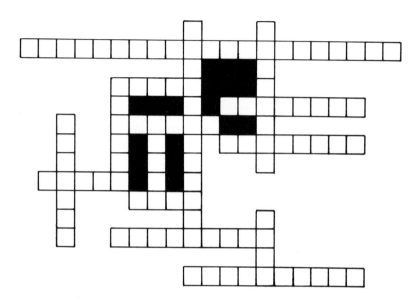

ace ici toutes les villes moyennes qui sont situées au sud d'une ligne imagi-
e Bordeaux-Grenoble. N'écris pas de villes figurant dans la grille du haut (gran-
villes).

RELIEF

Ecris dans cette grille le nom des 5 montagnes de France et le nom de tous les fleuves ou rivières dessinés sur la carte des montagnes.

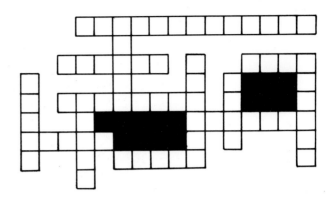

Cherche et place ici le nom de toutes les rivières qui prennent leur source dans le Massif Central.

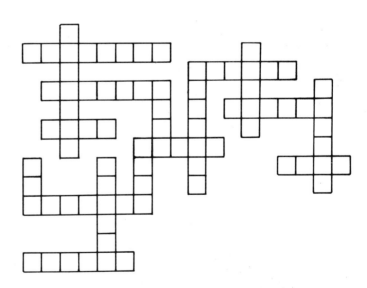

FLEUVES

Les fleuves sont des rivières, grandes ou petites, qui se jettent dans une mer.
Cherche et écris le nom de tous les fleuves représentés sur cette carte.

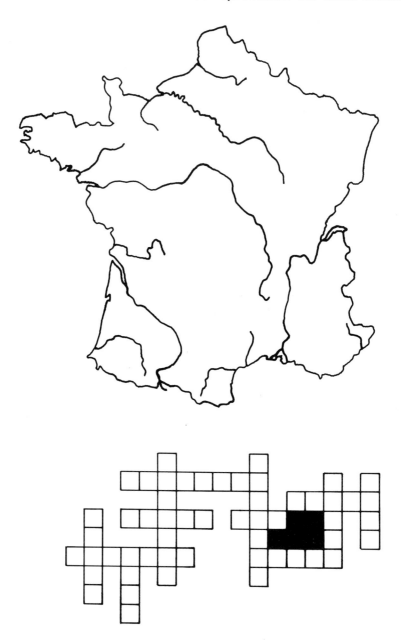

AFFLUENTS

On appelle affluents d'un fleuve les rivières qui rejoignent ce fleuve. Une rivière peut être l'affluent d'une autre rivière : l'Aisne est un affluent de l'Oise et l'Oise un affluent de la Seine, mais l'Aisne n'est pas un affluent de la Seine. Par contre, l'Aisne fait partie du bassin de la Seine, le bassin d'un fleuve étant la région composée de tous les cours d'eau qui alimentent ce fleuve, directement ou non. Cherche et place :

- dans la grille 1 tous les cours d'eau du bassin de la Seine (Seine comprise).

- dans la grille 2 les affluents directs du Rhône.

COURS D'EAU

Certains cours d'eau échappent au classement habituel : la Garonne et la Dordogne prennent le nom de Gironde quand elles se rejoignent. La Mayenne, la Sarthe et le Loir s'appellent la Maine à partir de leur jonction. Cherche et place

- dans la grille 1 les affluents directs de la Loire.

- dans la grille 2 l'ensemble des cours d'eau du bassin de la Garonne et de la Dordogne (Gironde comprise).

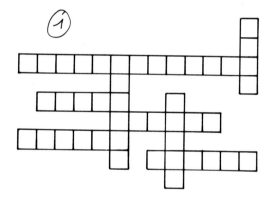

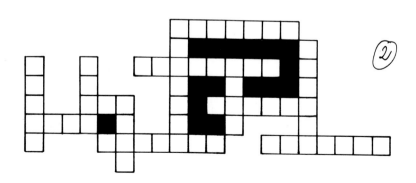

ENIGME

Résous cette énigme et remplis les 4 grilles.
La Seine passe par T, M, P, R. La Loire passe par R, N, G, O, B, T, N. Le Rhône par L, V, V, A, A. La Garonne par T, A, B.

Seine

Loire

Garonne

Rhône

NORD-SUD

Coupons la France en deux par une ligne droite La Rochelle-Bourg-en-Bresse. On peut alors diviser cette liste de rivières ou fleuves en deux ensembles : rivières du nord de la France, rivières du sud.

Aube
Aisne
Tarn
Aude
Gers
Save
Loir
Gard
Eure
Sarthe
Drôme
Isère
Adour
Mayenne
Orne
Ardèche
Aveyron
Oise
Somme
Seine
Ariège
Vilaine
Armançon
Dordogne.

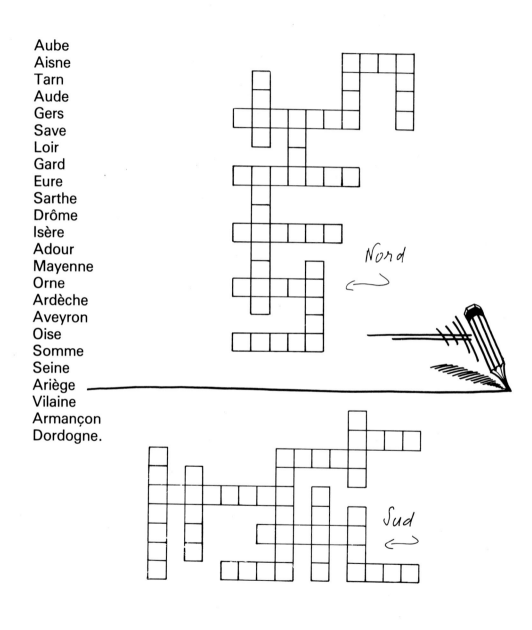

BORD DE MER

Une carte et quelques secondes te suffiront pour trouver la clé de ce problème de pêche. Ecris chacune de ces villes dans la bonne grille.

Lorient
Dieppe
Marseille
Toulon
Fécamp
Hardelot
Arcachon
Etretat
Cancale
Saint-Tropez
Marennes
Saint-Nazaire
Quimper
Cannes
Menton

Boulogne
Biarritz
Royan
Antibes
La Baule
Morlaix
Berck
Oléron
Vannes
Granville
Saint-Raphaël
Le Havre
Houlgate
Etaples

La Ciotat
Gruissan
Palavas
Le Touquet
Mimizan
Lacanau
Dinard
Banyuls
Cerbère
Saint-Brieuc
Le Croisic
Paimpol
Roscoff.

Sète serait ici ...

La Rochelle serait ici ...

Deauville serait dans cette grille

DEPARTEMENTS

Depuis 1790, la France est divisée en départements (plusieurs départements cons-
tituent une région). Chaque département a un nom, un chef-lieu (ou préfecture,
sorte de capitale) et un numéro. Consulte la carte des départements et place
dans la grille le nom de tous les départements représentés ci-dessous.

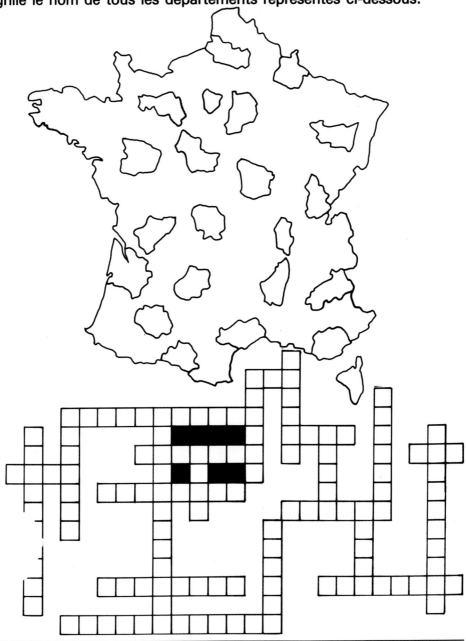

DEPARTEMENTS (2)

Localise et écris les départements suivants :

- un département situé à l'ouest du Calvados.
- un département situé au sud du Pas-de-Calais.
-        "   "   au sud de la Marne.
-        "   "   au nord des Pyrénées Atlantiques.
-        "   "   à l'est de la Haute-Vienne.
-        "   "   à l'est de l'Oise.
-        "   "   au sud des Ardennes.
-        "   "   au nord des Landes.
-        "   "   au nord-ouest du Bas-Rhin.
-        "   "   au sud de la Loire-Atlantique.
-        "   "   au nord-est du Jura.
-        "   "   au sud des Côtes-du-Nord.
-        "   "   au nord des Bouches-du-Rhône.
-        "   "   au sud de la Corrèze.
-        "   "   au nord de l'Aveyron.
-        "   "   au nord de la Saône-et-Loire.
-        "   "   au nord des Pyrénées-Orientales.
-        "   "   à l'ouest de la Nièvre.
-        "   "   à l'ouest du Rhône.
-        "   "   au nord-est de la Drôme.
-        "   "   à l'ouest de l'Yonne.
-        "   "   à l'est de la Mayenne.
-        "   "   au nord du Haut-Rhin.
- Le département français le plus à l'ouest.

NORD-SUD

Reprenons notre ligne droite La Rochelle-Bourg-en-Bresse et divisons cette liste de départements en 2 ensembles.

Nord
Charente
Dordogne
Gironde
Somme
Savoie
Ardennes
Corrèze
Oise
Cher
Aisne
Cantal
Isère
Calvados
Drôme
Lozère
Landes
Moselle
Gers
Tarn
Orne
Mayenne
Vaucluse
Gard
Vosges
Morbihan
Loiret
Vendée
Aude
Nièvre
Ariège
Doubs

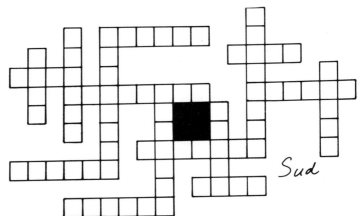

REGIONS, DEPARTEMENTS, CHEFS-LIEUX

Cherche et place le nom du département situé le plus au sud dans les régions suivantes :

Provence-Alpes-Côte d'Azur
Nord-Pas-de-Calais
Picardie
Midi-Pyrénées
Haute-Normandie
Limousin
Basse-Normandie
Auvergne
Champagne-Ardennes
Rhône-Alpes
Lorraine
Franche-Comté
Bretagne
Centre
Pays de la Loire

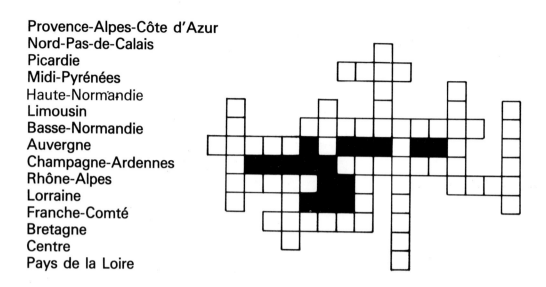

Pour chaque chef-lieu donné, trouve et place la région dans laquelle ce chef-lieu se trouve. Si tu te sens très fort, n'utilise qu'une seule carte.

Lyon
Amiens
Rennes
Châteauroux
Tulle
Périgueux
Aurillac
Auxerre
Nancy
Colmar

CHEFS-LIEUX

.. régions de France touchent la Méditerranée ou la frontière espagnole. Ces **4** régions regroupent au total **24** départements : écris dans la grille les **24** chefs-lieux.

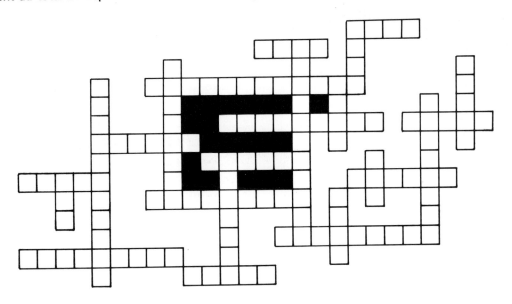

Voici **17** départements. Trouve et écris les chefs-lieux.

62   76
57   14
54   28
35   29
45   89
49   21
25   86
71   87
38

CHEFS-LIEUX (2)

Voici des villes. Trouve et écris le nom des départements qui ont ces villes pour chefs-lieux.
Si vous êtes plusieurs, faites un concours de vitesse.

Charleville-Mézières
Privas
Le Mans
Guéret
Saint-Lô
Chateauroux
Evreux
Saint-Etienne
Amiens

Orléans
Clermont-Ferrand
Troyes
Blois
Bourg-en-Bresse
La Roche-sur-Yon
Bar-le-Duc
Châlon-sur-Marne
Metz

CHEFS-LIEUX (3)

Trouve et écris le chef-lieu de chacun de ces départements :

Vosges	Savoie
Haute-Savoie	Orne
Charente	Morbihan
Haut-Rhin	Cantal
Drôme	Nièvre
Oise	Corrèze
Mayenne	Haute-Marne
Allier	Deux-Sèvres
Cher	Haute-Saône

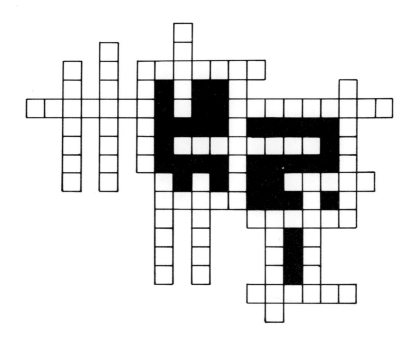

GEO-CASSE-TETE

Dans cette grille, 12 départements dont la somme des numéros est 465. Il y a 2Ce, 2 M-P, 1 Aq, 1 C-A, 1 F-C, 1 P-A-C-A, 1 R-A, 1 P, 1 B-N et 1 P-L. Le Lot croise le P-L, qui croise lui-même le 32 et le 45. Reste calme ! (si tu veux te venger, tu inventes un casse-tête et tu me l'envoies).

NORD-SUD

Cette fois avec des chefs-lieux :

Blois	Limoges	Chaumont
Cahors	Belfort	Nîmes
Melun	Nancy	Orléans
Caen	Evreux	Avignon
Albi	Privas	Toulon
Tarbes	Amiens	Bourges
Dijon	Grenoble	Châteauroux
Lyon	Beauvais	Auxerre
Paris	Digne	Mende
Laon	Vesoul	Valence
Metz	Tulle	Toulouse
Nice	Rodez	Montpellier

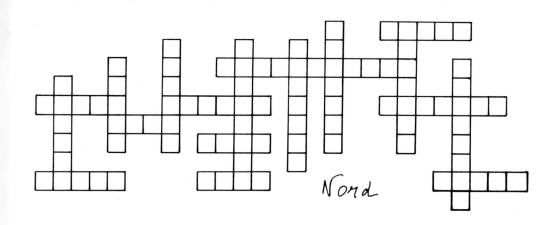

Nord

Sud

BANLIEUE

Voici des villes de banlieue parisienne. Classe-les et range-les dans l'une de ces 3 grilles ou dans aucune.

Longjumeau	Le Perreux	Clamart
Montlhéry	Versailles	Romainville
Cergy	Joinville	Courbevoie
Aulnay	Roissy	Rungis
Gennevilliers	Saint-Cyr	Montreuil
Choisy	Aubervilliers	Vitry
Pontoise	Ivry	Juvisy
La Courneuve	Meudon	Alfortville
Epinay	Bois d'Arcy	Viry-Châtillon
Evry	Corbeil	Nanterre
Saint-Denis	Bondy	Fleury-Mérogis
Neuilly	Chevreuse	Savigny
Poissy	Bobigny	Colombes
Sarcelles	Rosny	Pontoise
Stains	Antony	Argenteuil

Communes du
Val de Marne

banlieue (suite)

Communes des Hauts de Seine

Seine-Saint-Denis

PARIS

Tu sais que Paris s'est plusieurs fois agrandie. D'anciennes villes sont devenues des quartiers de Paris. Pour cette grille, choisis seulement dans cette liste les quartiers situés à l'intérieur de Paris.

Villejuif
Ivry
Chaillot
Malakoff
Clamart
Meudon
Asnières
Neuilly
Clichy
Saint-Ouen
Pantin
Vaugirard
Nation
Belleville

Vitry
Bercy
Luxembourg
Montparnasse
Concorde
Saint-Cloud
Courbevoie
Etoile
Aubervilliers
Bastille
Bagnolet
République
Montreuil
Montmartre

LEXIQUE

Tu vas découvrir beaucoup de pays, de villes, de fleuves,... etc. Certains noms sont difficiles à prononcer. Leur genre (le, la, l') n'est pas toujours évident. Ces 2 tableaux vont t'aider.

Tableau 1 : genre

LE...	Kenya	Sierra Léone	Dordogne	Pologne	Albanie	Indonésie
Bangladesh	Koweit	Soudan	Drôme	Rance	Algérie	Indre
Bénin	Laos	Sri Lanka	Durance	RDA	Allier	Indus
Bouthan	Liban	Surinam		RFA	Amazone	Isère
Bostwana	Libéria		France	Roumanie	Amour	Irak
Brésil	Loing	Tage			Angola	Iran
Burkina	Loir	Tarn	Garonne	Saône	Aulne	Islande
	Lot	Tchad	Gironde	Sarthe	Arabie	Isle
Cambodge		Tigre	Grèce	Save	Arc	Italie
Cameroun	Mackenzie	Togo	Guinée	Seine	Ardèche	
Canada	Maroc		Guyane	Sèvre	Argentine	Ob
Centrafrique	Mékong	Var		Somalie	Armançon	Oise
Cher	Mexique	Vénézuela	Hongrie	Somme	Ariège	Oman
Chili	Missouri	Verdon		Suède	Arroux	Orange
Colorado	Mozambique	Viet-Nam	Jamaïque	Suisse	Aube	Orénoque
Congo			Jordanie	Syrie	Aude	Orne
Costa-Rica	Népal	Yangtsékiang			Australie	Ouganda
	Nicaragua	Yémen	Léna	Tchécoslo-	Autriche	URSS
Danemark	Niger	Yukon	Libye	vaquie	Aveyron	Uruguay
Danube	Nigéria		Loire	Thaïlande		
Doubs	Nil	Zaïre		Tanzanie		Yonne
Dniepr		Zambèze	Madeira	Tunisie	Egypte	
Drac	Pakistan	Zimbabwe	Maine	Turquie	Elbe	LES...
	Paraguay		Malaisie	Truyère	Equateur	Eau
Gabon	Parana	LA...	Marne		Escaut	Etats-Unis
Gange	Pérou		Mauritanie	Vézère	Espagne	Pays-Bas
Gard	Pô	Baïse	Mayenne	Vienne	Ethiopie	Philippines
Gers	Portugal	Belgique	Meurthe	Vilaine	Euphrate	
Ghana		Birmanie	Mongolie	Vistule	Eure	Belize
Guatémala	Rhin	Bolivie	Moselle	Volga		Cuba
	Rhône	Bulgarie				Haïti
Honduras	Rio Grande		Namibie	L'...		Israel
	Royaume-Uni	Charente	Nièvre	Adour	Héraut	Madagascar
Iénissei		Chine	Norvège	Afghanistan		Panama
	Saint-Laurent	Colombie	Nouvelle-	Afrique		Taïwan
Japon	Salvador	Corée	Guinée			
	Sénégal	Côte d'Ivoire	Nouvelle-			
		Creuse	Zélande	Aisne	Inde	

PRONONCIATION

Les apostrophes indiquent qu'on doit bien entendre la lettre

Tableau 2 : prononciation

Pays	Villes	
Afghanistan *af-ga-nis-tan*	Agen *a-jin*	Nevers *neu-vè-r'*
Bangladesh *ban-gla-dèch*	Amsterdam *am-stè-r-da-m'*	Newdehli *niou-dé-li*
Belize *bé-liz*	Arras *a-ra-s'*	Pnom-Penh *pno-m'-pè-n'*
Egypte *é-jipt'*	Angers *an-jé*	Quimper *Kin-pè-r'*
Equateur *é-koi-teur*	Annecy *a-n'-si*	Rangoon *ran-gou-n'*
Etats-Unis *é-ta-zu-ni*	Asuncion *a-so-n'-sio-n'*	Rennes *rè-n'*
Guatémala *goi-té-ma-la*	Athènes *a-tè-n'*	Reykjavik *rèk-ja-vik*
Guyane *gui-ya-n'*	Bonn *bo-n'*	Ryad *ri-ad'*
Haïti *a-i-ti*	Bourg-en-Bresse *bour-an-brè-s'*	Saint-Brieuc *sin-bri-eu*
Honduras *on-du-ra-s'*	Bucarest *bu-ka-rèst'*	Stockholm *sto-kolm'*
Hongrie *on-gri*	Budapest *bu-da-pèst'*	Taipeh *ta-i-pé*
Israël *is-ra-èl'*	Buenos Aires *bué-no-zè-r'*	Tarbes *tar'b'*
Kenya *kè-n'-ya*	Caen *kan*	Téhéran *té-é-ran*
Jamaïque *ja-ma-ik*	Caracas *ka-ra-ka-s'*	Troyes *troi*
Koweit *ko-wèt'*	Copenhague *ko-pe-nag'*	Tunis *tu-ni-s'*
Laos *la-os'*	Damas *da-ma-s'*	Tokyo *to-kio*
Libye *li-bi*	Georgetown *jor-je-to-n'*	Washington *oi-chi-n'-to-n'*
Mexique *mèk-sik*	Hanoï *a-no-i*	Wellington *wè-ling-to-n'*
Nicaragua *ni-ka-ra-goi*	Helsinki *èl'-si-n'-ki*	**Rivières**
Niger *ni-jè-r'*	Jakarta *dja-kar-ta*	Aisne *è-n'*
Oman *o-ma-n'*	Katmandu *kat'-man-dou*	Baïse *ba-iz*
Paraguay *pa-ra-gwè*	Kinshasa *ki-n'-cha-sa*	Cher *chè-r'*
Syrie *si-ri*	Laon *lan*	Doubs *dou*
Taïwan *ta-i-oi-n'*	Londres *londr'*	Euphrate *eu-fra-t'*
Thaïlande *ta-i-land'*	Lons-le-Saunier *lon-le-so-nié*	Gers *jè-r-s'*
Tanzanie *tan-nza-ni*	Luanda *lou-an-nda*	Loing *loin*
Uruguay *u-ru-gwè*	Metz *mèts'*	Lot *lo-t'*
	Montevidéo *mon-té-vi-déo*	Mackenzie *ma-kè-n-zi*
	Montpellier *mon-pe-lié*	Riogrande *rio-gran-ndé*
	N'jamena *ndja-mé-na*	Saône *sô-n'*
		Yukon *you-ko-n'*

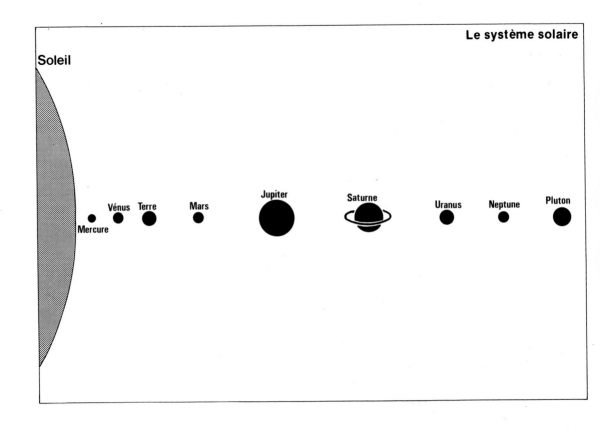

Le système solaire

Soleil

Mercure · Vénus · Terre · Mars · Jupiter · Saturne · Uranus · Neptune · Pluton

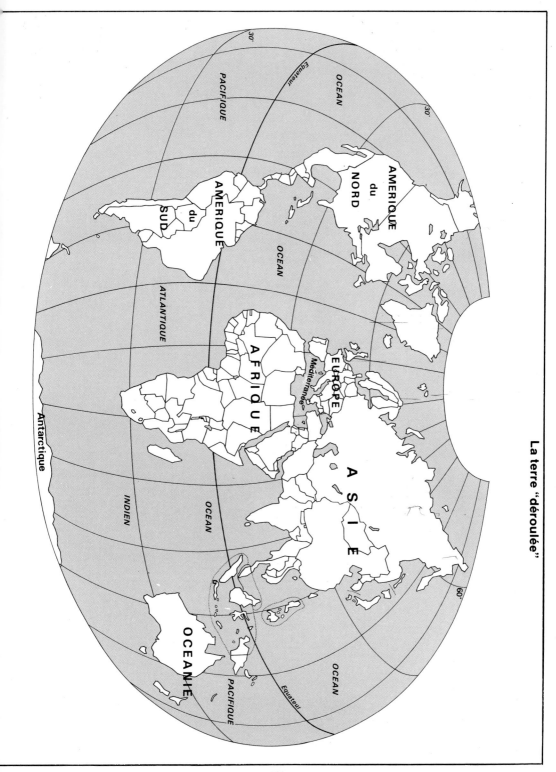

La terre "déroulée"

ERRATUM - Carte de la page 91

Afrique, pays et capitales

Tunis

Alger

Rabat

TUNISIE

Tripoli

MAROC

ALGÉRIE

LIBYE

Le Caire

ÉGYPTE

MAURITANIE

Nouakchott

Dakar

SÉNÉGAL

MALI

Bamako

BURKINA

Ouagadougou

Niamey

NIGER

TCHAD

Khartoum

N'djamena

SOUDAN

GUINÉE

Conakry

SIERRA LEONE

COTE-
D'IVOIRE

GHANA

NIGERIA

Addis-Abeba

SOMALIE

ÉTHIOPIE

LIBERIA

Yamoussoukro

Accra

Lagos

CENTRAFRIQUE

TOGO

BÉNIN

CAMEROUN

Bangui

Yaoundé

OUGANDA

Mogadiscio

EQUATEUR

Libreville

CONGO

Kampala

KENYA

GABON

ZAIRE

Nairobi

Brazzaville

Kinshasa

Dodoma

TANZANIE

Luanda

ANGOLA

Lusaka

MALAWI

ZAMBIE

Harare

MOZAMBIQUE

MADAGASCAR

ZIMBABWE

Antananarivo

NAMIBIE

BOTSWANA

Windhoek

Gaborone

Pretoria

Maputo

AFRIQUE DU SUD

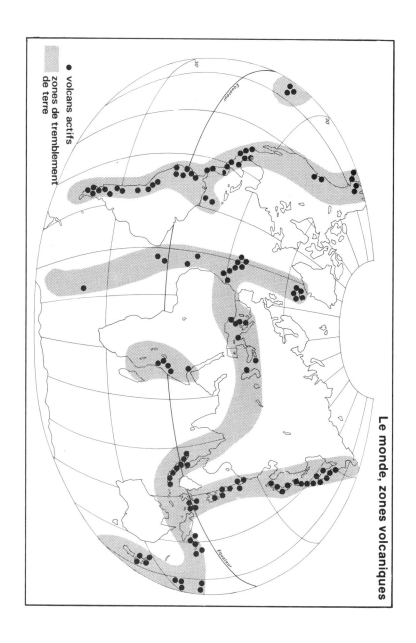

Le monde, zones volcaniques

volcans actifs

zones de tremblement
de terre

Afrique, pays

TUNISIE

MAROC ALGÉRIE LIBYE ÉGYPTE

MAURITANIE

MALI NIGER TCHAD SOUDAN

SÉNÉGAL SOMALIE

BURKINA

GUINÉE ÉTHIOPIE

SIERRA LEONE COTE- GHANA NIGERIA
D'IVOIRE CENTRAFRIQUE

LIBERIA

TOGO BÉNIN CAMEROUN

OUGANDA KENYA

ÉQUATEUR CONGO

GABON ZAIRE

TANZANIE

ANGOLA MALAWI

ZAMBIE MOZAMBIQUE

ZIMBABWE MADAGASCAR

NAMIBIE BOTSWANA

AFRIQUE DU SUD

91

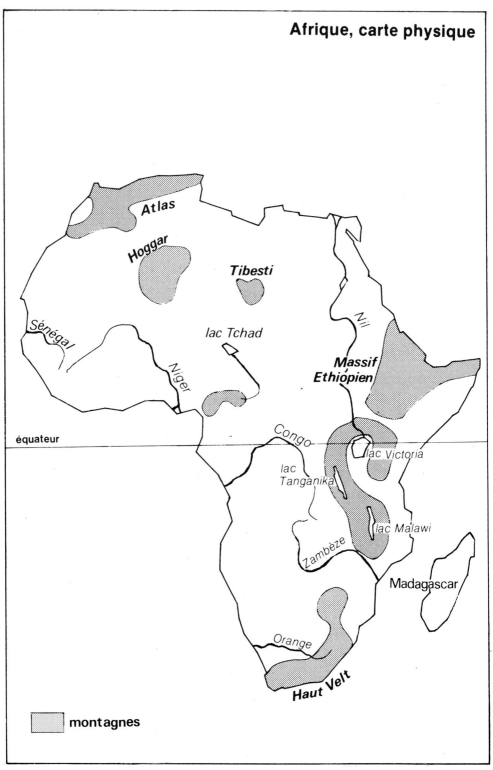

Afrique, carte physique

Atlas

Hoggar

Tibesti

Sénégal

Niger

lac Tchad

Nil

Massif
Ethiopien

équateur

Congo

lac Victoria

lac
Tanganika

lac Malawi

Zambèze

Madagascar

Orange

Haut Velt

montagnes

Europe, pays

ISLANDE

SUÈDE

FINLANDE

NORVÈGE

URSS

ROYAUME

DANEMARK

IRLANDE

UNI

PAYS-BAS

R.D.A.

POLOGNE

BELGIQUE

R.F.A.

TCHÉCOSLOVAQUIE

FRANCE

SUISSE

AUTRICHE

HONGRIE

ROUMANIE

ITALIE

YOUGOSLAVIE

BULGARIE

PORTUGAL

ALBANIE

TURQUIE

ESPAGNE

GRÈCE

L : LUXEMBOURG
R.F.A. : ALLEMAGNE DE L'OUEST
R.D.A. : ALLEMAGNE DE L'EST

L : LUXEMBOURG
R.F.A. : ALLEMAGNE DE L'OUEST
R.D.A. : ALLEMAGNE DE L'EST

Europe, carte physique

Alpes scandinaves

Dniepr

Tamise

Elbe

Vistule

Carpates

Seine

Meuse

Rhin

Moselle

Loire

Danube

Alpes

Rhône

Pô

Pyrénées

Balkans

Tage

Corse

Apennins

Sierra Nevada

Sardaigne

Sicile

Crète

montagnes

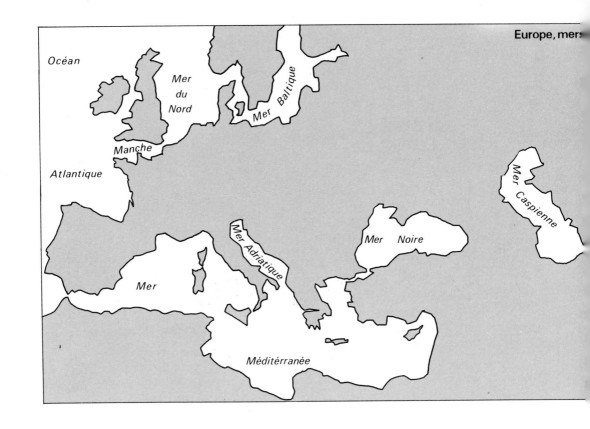

Océan

Mer
du
Nord

Mer Baltique

Manche

Atlantique

Mer Caspienne

Mer Adriatique

Mer   Noire

Mer

Méditérranée

Grosses villes d'Europe

Leningrad

Moscou

Stockholm

Minsk

Glasgow

Copenhague

Varsovie

Kiev

Liverpool

Hambourg

Londres

Amsterdam

Berlin

Cologne

Bruxelles

Prague

Odessa

Paris

Francfort

Munich

Vienne

Budapest

Lyon

Milan

Bucarest

Turin

Belgrade

Marseille

Florence

Sofia

Bilbao

Istanbul

Porto

Rome

Madrid

Barcelone

Lisbonne

Valence

Naples

Séville

Athènes

Asie, pays

Europe

U. R. S. S.

TURQUIE
LIBAN
SYRIE
ISRAEL
JORDANIE
IRAK
ARABIE
KOWEIT
IRAN
SEOUDITE
AFGHANISTAN
É.A.U.
PAKISTAN
YÉMEN
OMAN
YÉMEN
DU SUD

MONGOLIE

CORÉE
DU NORD
CORÉE
DU SUD
JAPON

CHINE

TAIWAN

NÉPAL
BHOUTAN

PHILIPPINES

BANGLADESH

INDE
BIRMANIE
LAOS
THAILANDE
VIETNAM

SRI LANKA

CAMBODGE
MALAISIE

INDONÉSIE

É.A.U. : ÉMIRATS ARABES UNIS

U.R.S.S. : UNION DES REPUBLIQUES SOCIALISTES SOVIETIQUES

Asie, pays et capitales

Europe

• Moscou

U. R. S. S.

Ankara •

TURQUIE

LIBAN
SYRIE
Damas
ISRAEL
JORDANIE

Bagdad

IRAK
ARABIE
KOWEIT
Ryad

SEOUDITE

YÉMEN
ÉAU

YÉMEN
DU SUD
OMAN

Téhéran

IRAN

Kaboul •
AFGHANISTAN

Islamabad

PAKISTAN
New Delhi

Oulan-Bator •

MONGOLIE

Pékin

CHINE

NÉPAL
Katmandu
BHOUTAN

BANGLADESH
Dacca

INDE

BIRMANIE
Hanoï
LAOS
Vientiane •
Rangoon •
THAILANDE
Bangkok
VIETNAM

Pnom-Penh •
CAMBODGE

SRI LANKA
Colombo

MALAISIE

Kuala Lumpur

CORÉE
(DU NORD)
JAPON
Tokyo

CORÉE
(DU SUD)

Taipeh
TAIWAN

PHILIPPINES
Manille •

Jakarta
INDONÉSIE

É.A.U. . **ÉMIRATS ARABES UNIS**

U.R.S.S. : UNION DES REPUBLIQUES SOCIALISTES SOVIETIQUES

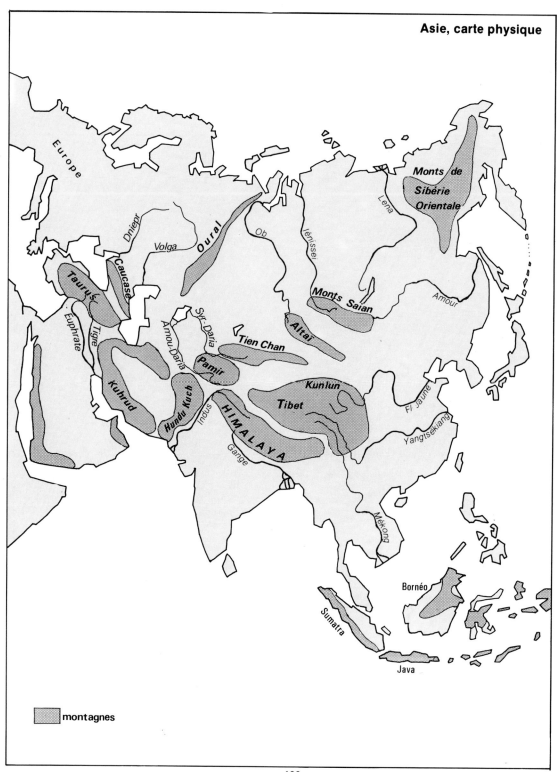

Asie, carte physique

Europe

Dniepr
Volga
Oural
Ob
Iénisser
Lena

Monts de Sibérie Orientale

Amour

Taurus
Caucase
Euphrate
Tigre

Monts Saïan

Altaï

Syr-Daria
Amou-Daria
Tien Chan
Pamir

Kunlun

Tibet

Fl Jaune

Yangtsekiang

Kuhrud

Hindu Kuch
Indus
HIMALAYA
Gange

Mékong

Bornéo

Sumatra

Java

montagnes

Amérique du Sud, pays et capitales

ÉQUATEUR

Caracas

VENEZUELA

Georgetown

COLOMBIE   **GUYANE**   Paramaribo

• Bogota   **SURINAM**   **GUYANE FRANCAISE**

• Quito

ÉQUATEUR

PÉROU

• Lima   **BRÉSIL**

BOLIVIE

• La Paz   • Brasilia

PARAGUAY

Asuncion

CHILI

Santiago •

URUGUAY

Buenos Aires •   • Montevideo

ARGENTINE

101

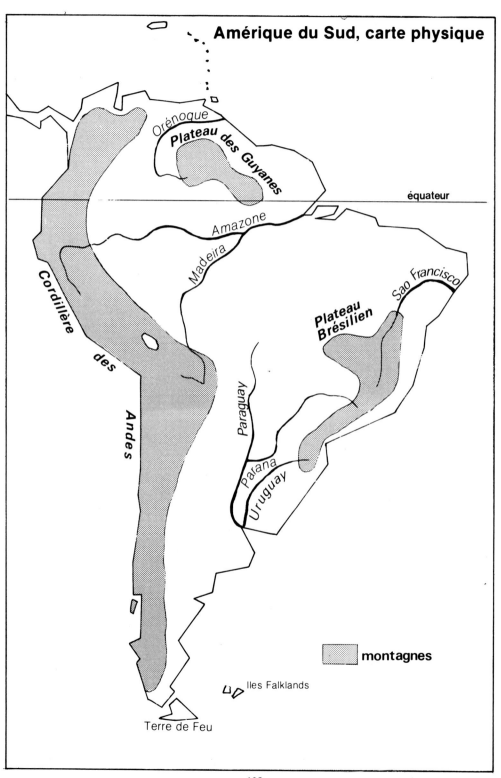

Amérique du Sud, carte physique

Orénoque

Plateau des Guyanes

équateur

Amazone

Madeira

Cordillère des Andes

Sao Francisco

Plateau Brésilien

Paraguay

Parana

Uruguay

montagnes

Iles Falklands

Terre de Feu

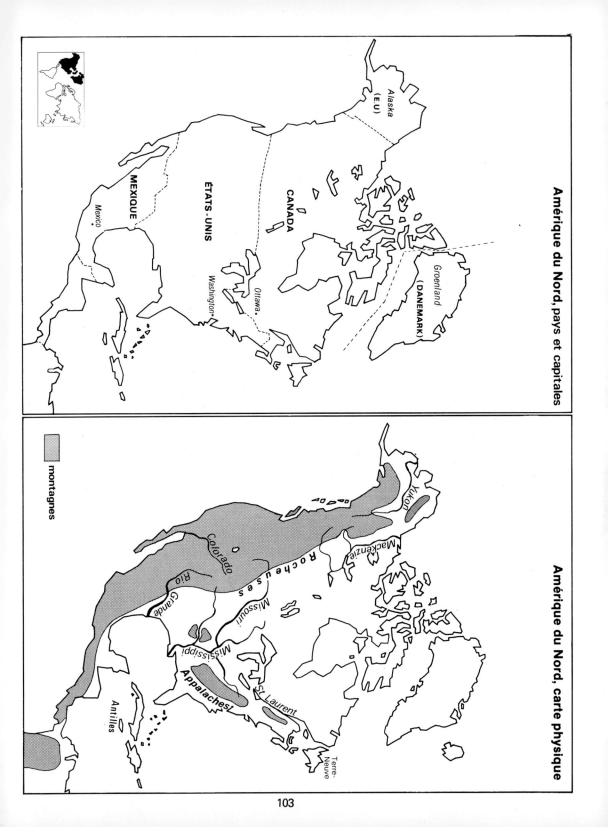

Amérique du Nord, pays et capitales

Alaska (E.U.)

MEXIQUE
Mexico

ÉTATS-UNIS
Washington

CANADA
Ottawa

Groenland (DANEMARK)

Amérique du Nord, carte physique

montagnes

Yukon

Mackenzie

Colorado

Rio Grande

Rocheuses

Missouri

Mississippi

Appalaches

St Laurent

Antilles

Terre-Neuve

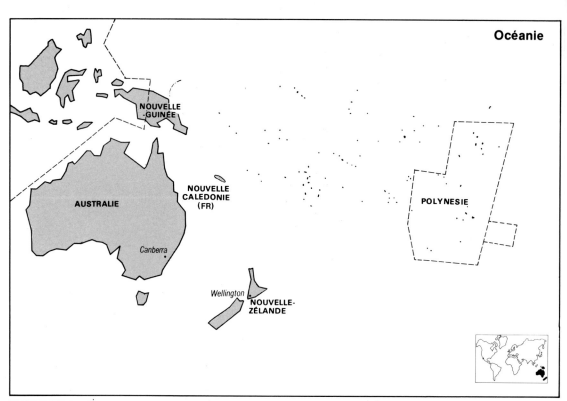

Océanie

NOUVELLE
-GUINÉE

NOUVELLE
CALEDONIE
(FR)

AUSTRALIE

POLYNESIE

Canberra

Wellington
NOUVELLE-
ZÉLANDE

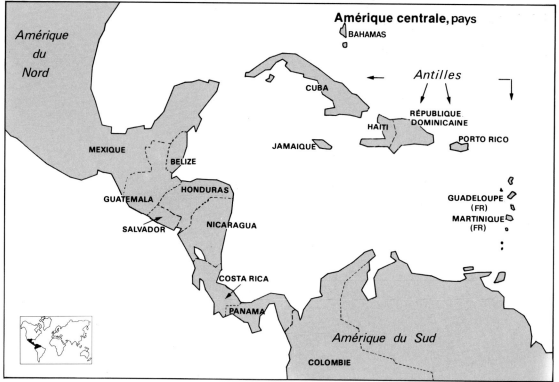

Amérique centrale, pays

BAHAMAS

*Amérique
du
Nord*

Antilles

CUBA

RÉPUBLIQUE
DOMINICAINE

HAITI

PORTO RICO

JAMAIQUE

MEXIQUE

BELIZE

GUADELOUPE
(FR)

HONDURAS

MARTINIQUE
(FR)

GUATEMALA

SALVADOR

NICARAGUA

COSTA RICA

PANAMA

Amérique du Sud

COLOMBIE

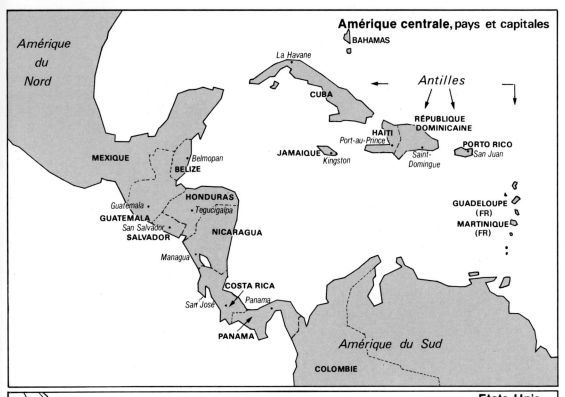

Amérique centrale, pays et capitales

Amérique du Nord

BAHAMAS

La Havane

CUBA

Antilles

RÉPUBLIQUE DOMINICAINE

HAITI
Port-au-Prince

PORTO RICO
San Juan

JAMAIQUE
Kingston

Saint-Domingue

MEXIQUE

Belmopan

BELIZE

GUADELOUPE
(FR)

MARTINIQUE
(FR)

Guatemala

HONDURAS
Tegucigalpa

GUATEMALA

San Salvador

NICARAGUA

SALVADOR

Managua

COSTA RICA

Panama

San José

Amérique du Sud

PANAMA

COLOMBIE

Etats-Unis

CANADA

Washington

Montana

Dakota du Nord

Minesota

New Hampshire
Vermont

Maine

Orégon

Idaho

Dakota du Sud

Wisconsin

Michigan

New-York

Massachussetts

Rhode Island
Connecticut

Wyoming

Iowa

Pennsylvanie

New Jersey

Névada

Nebraska

Indiana

Ohio

Delaware

Utah.

Colorado

Illinois

Virginie
Occid

Virginie

Maryland

Californie

Kansas

Missouri

Kentucky

Caroline
du Nord

Arizona

Nouveau
Mexique

Oklahoma

Arkansas

Tennessee

Caroline
du Sud

Alabama

Géorgie

Texas

Mississipi

Louisiane

Floride

MEXIQUE

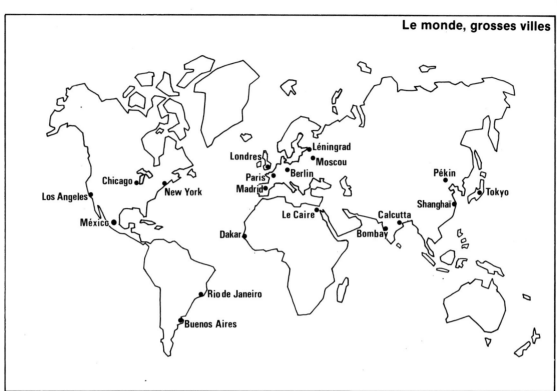

Le monde, grosses villes

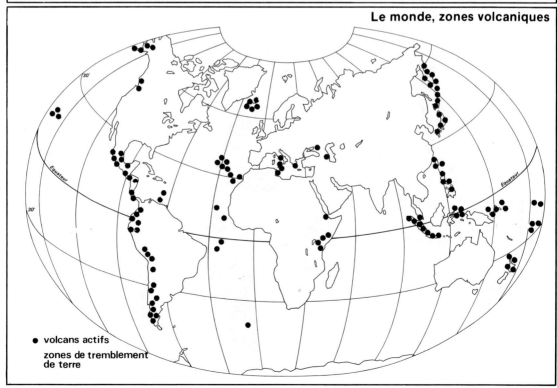

Le monde, zones volcaniques

● volcans actifs

zones de tremblement
de terre

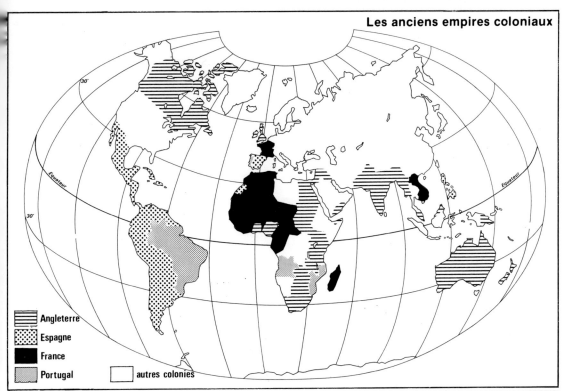

Les anciens empires coloniaux

Angleterre
Espagne
France
Portugal   autres colonies

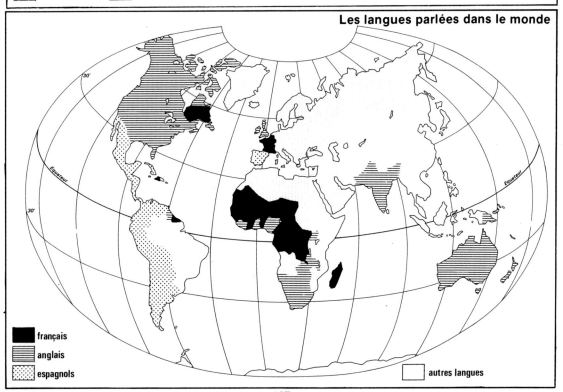

Les langues parlées dans le monde

français
anglais
espagnols   autres langues

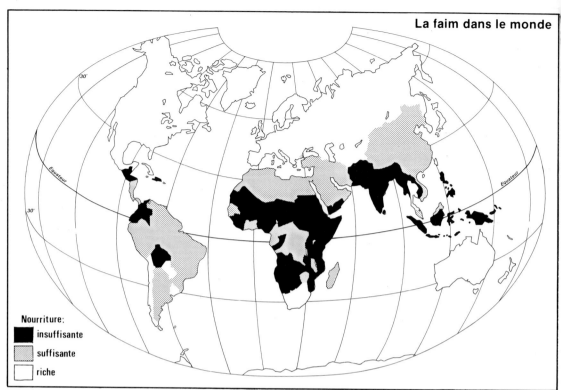

La faim dans le monde

Nourriture:
- insuffisante
- suffisante
- riche

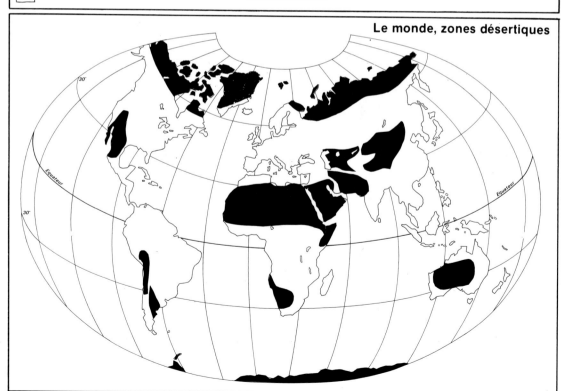

Le monde, zones désertiques

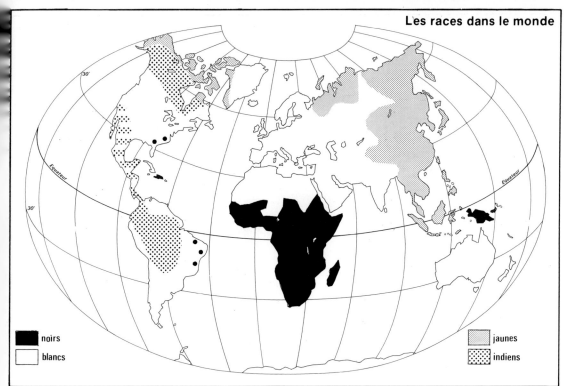

Les races dans le monde

noirs
blancs

jaunes
indiens

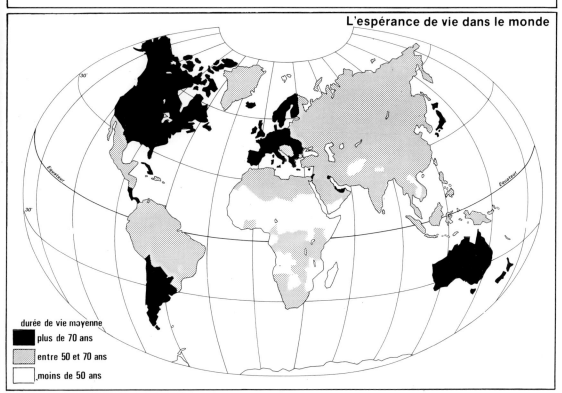

L'espérance de vie dans le monde

durée de vie moyenne
plus de 70 ans
entre 50 et 70 ans
moins de 50 ans

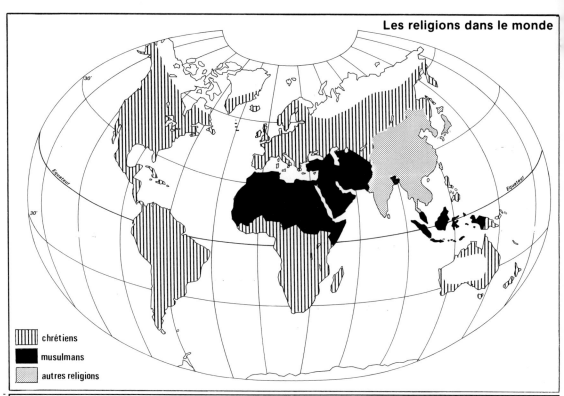

Les religions dans le monde

chrétiens

musulmans

autres religions

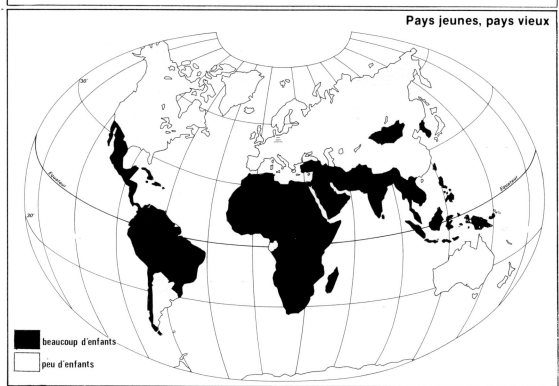

Pays jeunes, pays vieux

beaucoup d'enfants

peu d'enfants

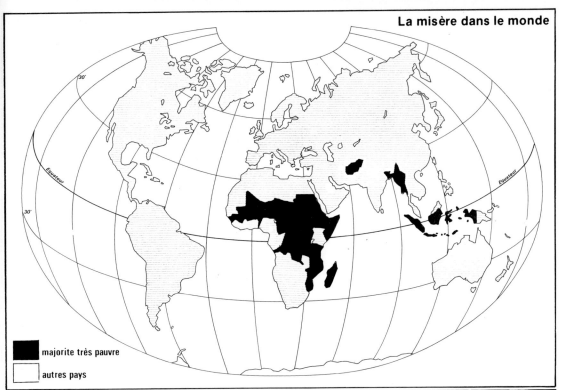

La misère dans le monde

majorite très pauvre

autres pays

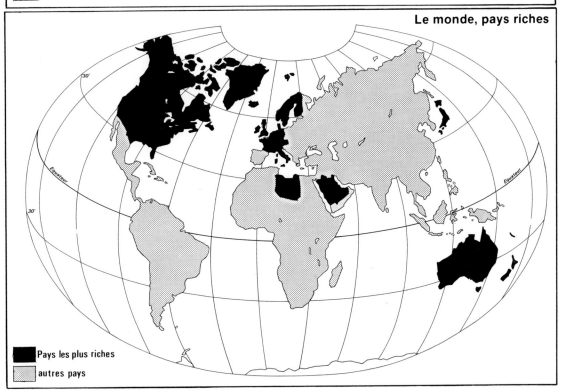

Le monde, pays riches

Pays les plus riches

autres pays

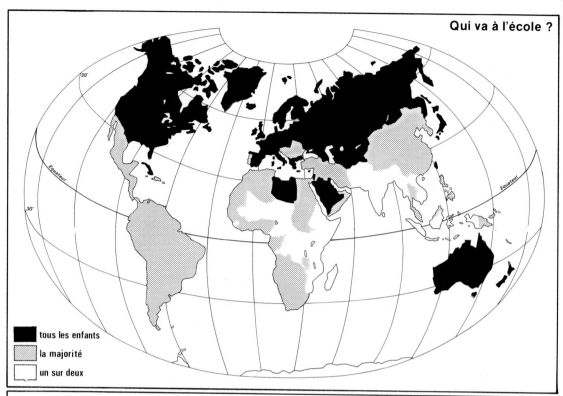

Qui va à l'école ?

■ tous les enfants

▨ la majorité

□ un sur deux

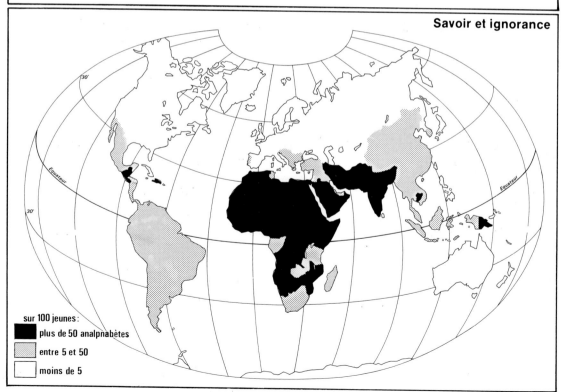

Savoir et ignorance

sur 100 jeunes :

■ plus de 50 analpnabètes

▨ entre 5 et 50

□ moins de 5

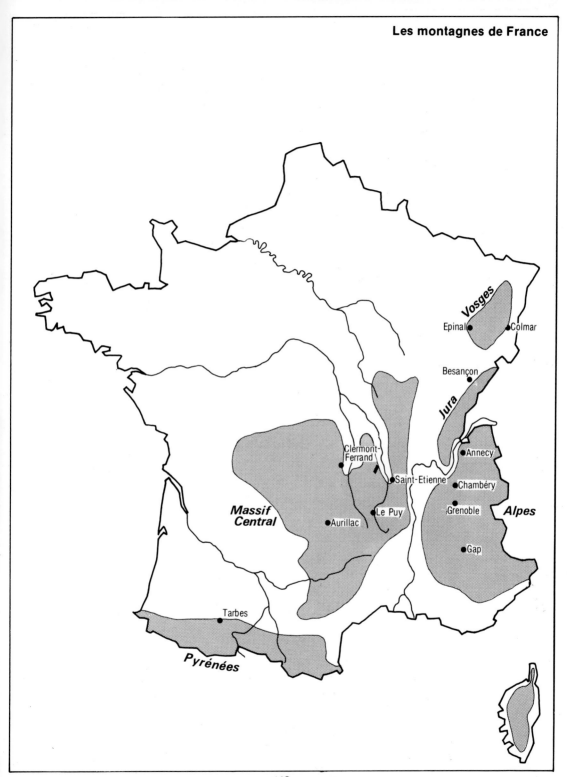

Les montagnes de France

Vosges

Epinal • • Colmar

Besançon •

Jura

• Annecy

Clermont-
Ferrand

• Saint-Etienne

• Chambéry

*Massif
Central*

• Aurillac

• Le Puy

• Grenoble

Alpes

• Gap

Tarbes •

Pyrénées

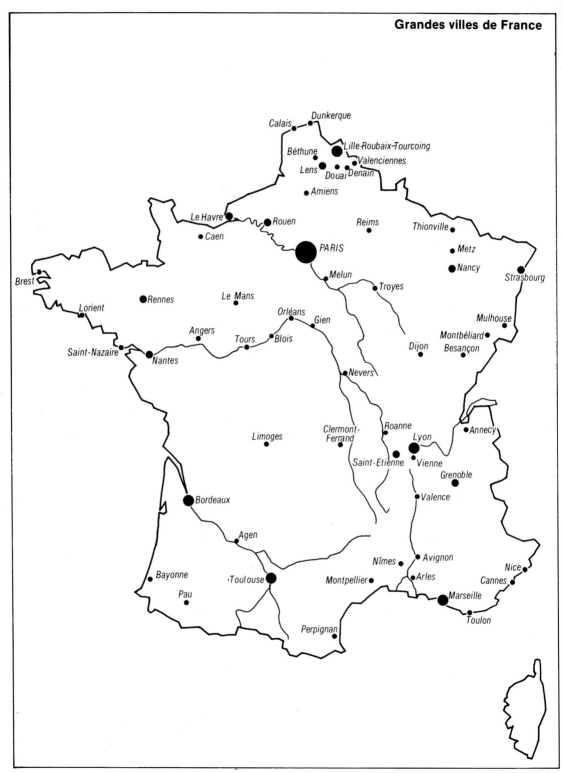

Grandes villes de France

Dunkerque
Calais
Lille-Roubaix-Tourcoing
Béthune
Valenciennes
Lens Douai Denain
Amiens
Le Havre Rouen Reims Thionville
Caen Metz
PARIS Nancy
Melun Strasbourg
Brest Troyes
Rennes Le Mans Mulhouse
Lorient Orléans Gien Montbéliard
Angers Tours Blois Dijon Besançon
Saint-Nazaire Nantes
Nevers
Roanne Annecy
Limoges Clermont- Lyon
Ferrand Vienne
Saint-Etienne Grenoble
Bordeaux Valence
Agen Nîmes Avignon
Bayonne Toulouse Arles Nice
Pau Montpellier Cannes
Perpignan Marseille
Toulon

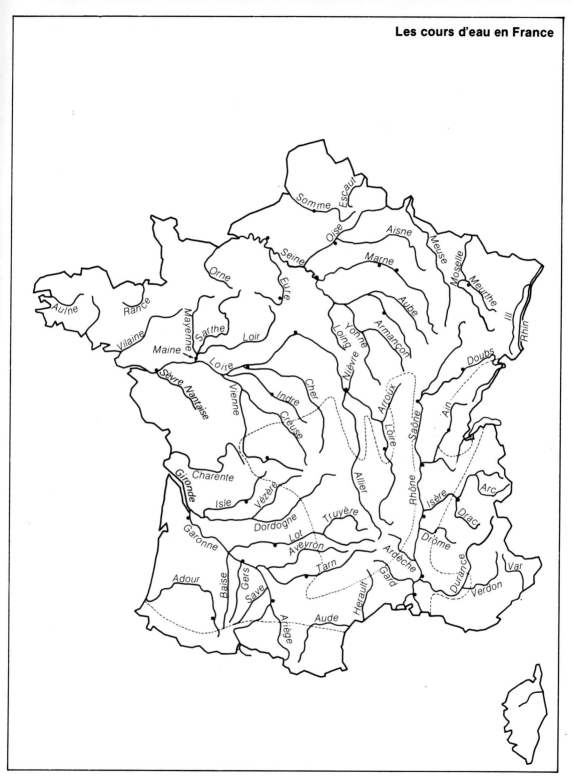

115

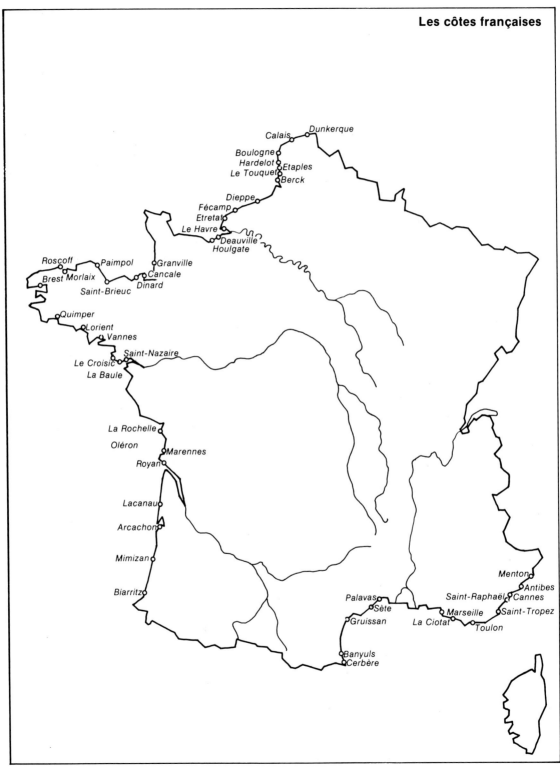

Les côtes françaises

Dunkerque
Calais
Boulogne
Hardelot
Le Touquet — Etaples
Berck
Dieppe
Fécamp
Etretat
Le Havre
Deauville
Houlgate

Roscoff
Paimpol
Granville
Brest Morlaix
Cancale
Saint-Brieuc
Dinard

Quimper
Lorient
Vannes
Saint-Nazaire
Le Croisic
La Baule

La Rochelle
Oléron
Marennes
Royan

Lacanau

Arcachon

Mimizan

Biarritz

Palavas
Sète
Gruissan

Banyuls
Cerbère

Menton
Antibes
Saint-Raphaël — Cannes
Marseille
Saint-Tropez
La Ciotat
Toulon

Les régions de France

Nord-Pas-de-Calais

Haute-Normandie

Picardie

Basse-Normandie

Champagne-Ardennes

Lorraine

Alsace

Bretagne

Île de France

Pays de la Loire

Centre

Bourgogne

Franche-Comté

Poitou-Charentes

Limousin

Auvergne

Rhône-Alpes

Aquitaine

Midi-Pyrénées

Languedoc-Roussillon

Provence-Alpes-Côte d'Azur

Corse

Les départements de France

Pas-de-Calais 62

Nord 59

Somme 80

Aisne 02

Ardennes 08

Seine-Maritime 76

Oise 60

Marne 51

Meurthe-et-Moselle 54

Moselle 57

Manche 50

Calvados 14

Eure 27

Val-d'Oise 95

Yvelines 78

Seine-et-Marne 77

Meuse 55

Bas-Rhin 67

Orne 61

Eure-et-Loir 28

Essonne 91

Aube 10

Haute-Marne 52

Vosges 88

Haut-Rhin 68

Finistère 29

Cotes-du-Nord 22

Ille-et-Vilaine 35

Mayenne 53

Sarthe 72

Loir-et-Cher 41

Loiret 45

Yonne 89

Cote-d'Or 21

Haute-Saône 70

Doubs 25

Territoire-de-Belfort 90

Morbihan 56

Maine-et-Loire 49

Indre-et-Loire 37

Cher 18

Nièvre 58

Saône-et-Loire 71

Jura 39

Loire-Atlantique 44

Deux-Sèvres 79

Vienne 86

Indre 36

Allier 03

Ain 01

Haute-Savoie 74

Vendée 85

Charente-Maritime 17

Charente 16

Haute-Vienne 87

Creuse 23

Puy-de-Dôme 63

Rhône 69

Loire 42

Savoie 73

Corrèze 19

Cantal 15

Haute-Loire 43

Isère 38

Dordogne 24

Gironde 33

Lot-et-Garonne 47

Lot 46

Aveyron 12

Lozère 48

Ardèche 07

Drôme 26

Hautes-Alpes 05

Alpes-de-Haute-Provence 04

Alpes-Maritimes 06

Landes 40

Gers 32

Tarn-et-Garonne 82

Tarn 81

Gard 30

Vaucluse 84

Bouches-du-Rhône 13

Var 83

Pyrénées Atlantiques 64

Hautes-Pyrénées 65

Haute-Garonne 31

Ariège 09

Aude 11

Hérault 34

Pyrénées-Orientales 66

Seine-St-Denis 93

Hauts-de-Seine 92

PARIS 75

Val-de-Marne 94

Haute-Corse 2B

2A

Corse Sud

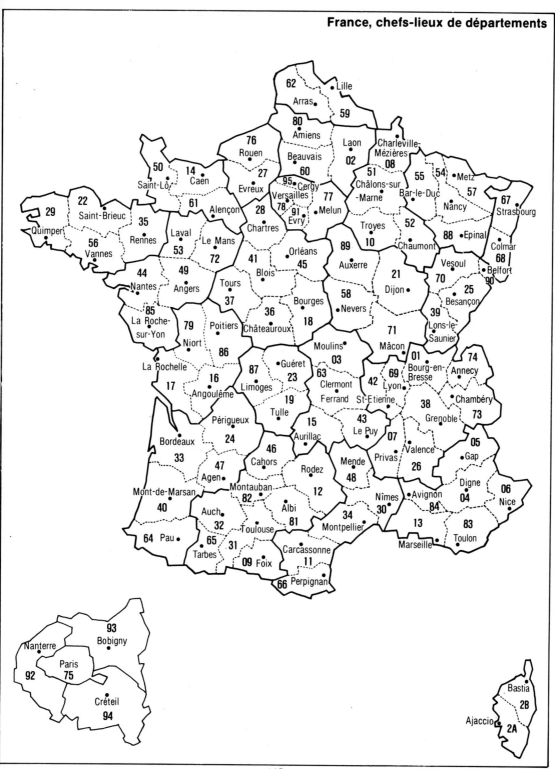

France, chefs-lieux de départements

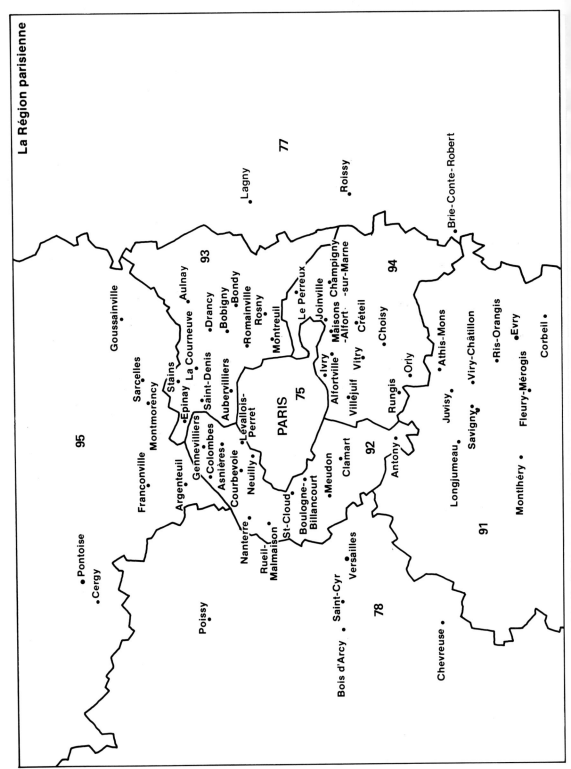

La Région parisienne

95

Pontoise
Cergy

Franconville
Argenteuil

Goussainville
Sarcelles
Montmorency
Stains
Epinay
Genevilliers
Colombes
Asnières
Courbevoie
Neuilly

Nanterre
Rueil-Malmaison
St-Cloud

Poissy

Bois d'Arcy
Saint-Cyr
Versailles

78

Chevreuse

Aulnay
Drancy
Bobigny
Bondy
Romainville
Rosny

93

La Courneuve
Saint-Denis
Aubervilliers
Levallois-Perret

PARIS   75

Montreuil

Boulogne-Billancourt
Meudon
Clamart

92

Antony

Lagny

77

Roissy

Brie-Conte-Robert

Le Perreux
Joinville
Maisons Champigny
-Alfort -sur-Marne
Créteil

94

Ivry
Alfortville Vitry
Villejuif

Rungis
Orly
Choisy

Athis-Mons
Juvisy
Savigny Viry-Châtillon

Ris-Orangis
Evry
Corbeil

Longjumeau

Montlhéry Fleury-Mérogis

91

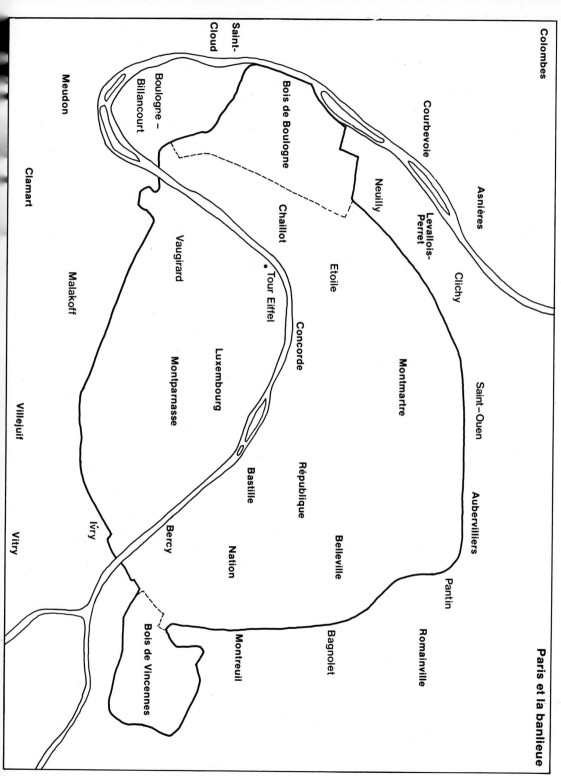

Paris et la banlieue

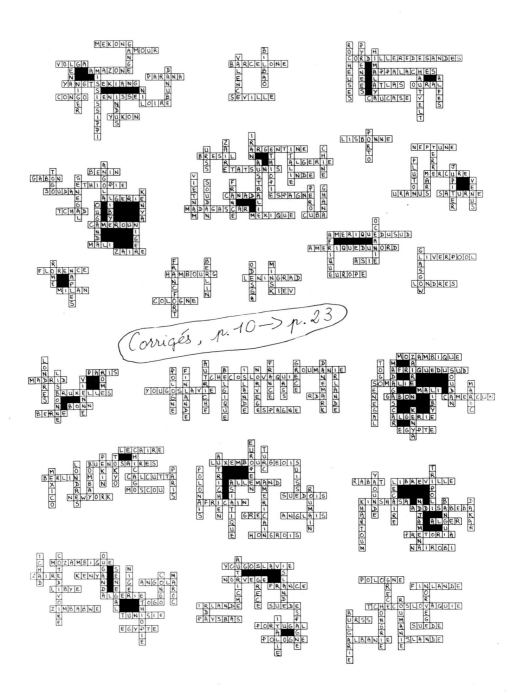

Corrigés, p. 10 → p. 23

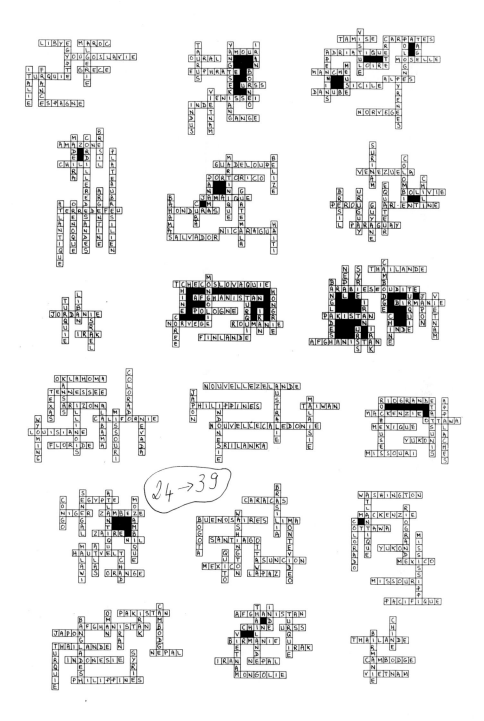

24 → 39

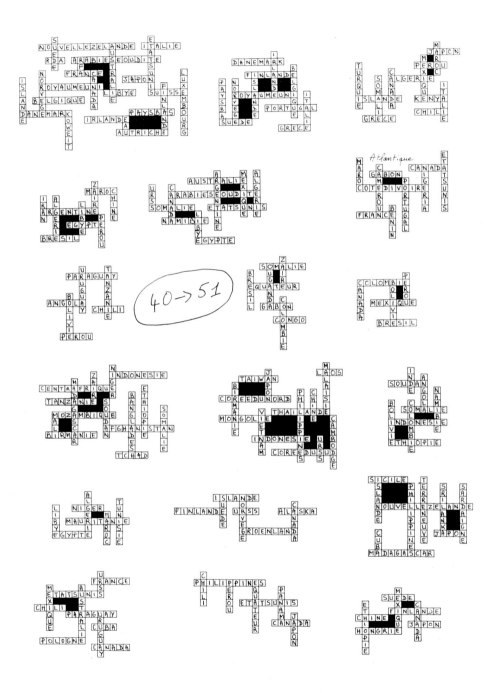

40→51

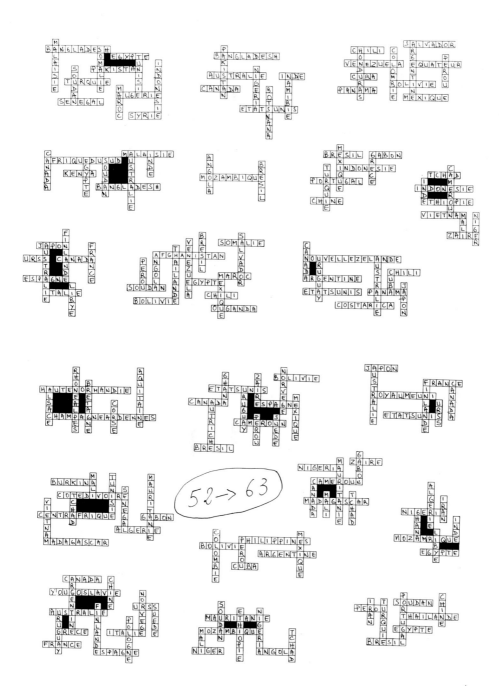

52 → 63

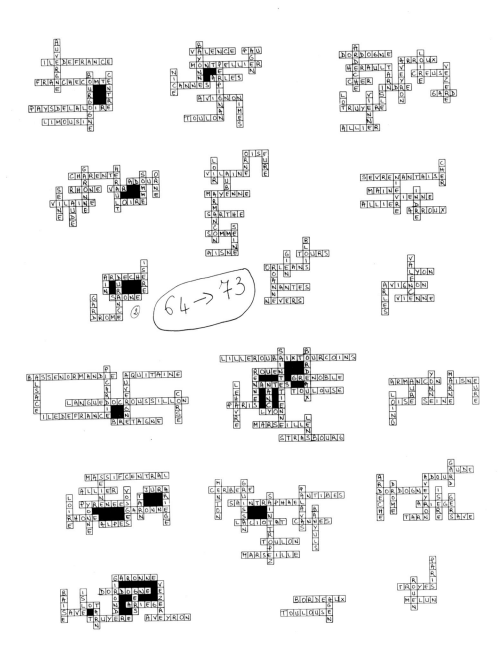

64 → 73

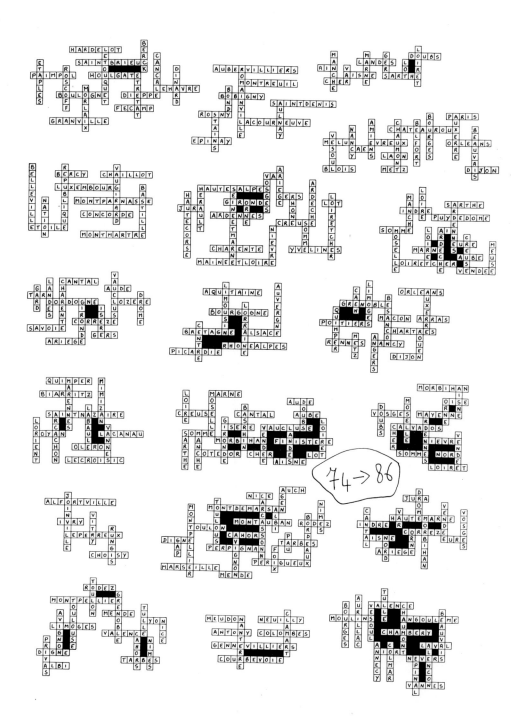

 **GBE**

Cet ouvrage a été reproduit
et achevé d'imprimer
le 22 mai 1987
par l'imprimerie Jean Decoster à Sequedin.
Dépôt légal : Mai 87